Cahiers de l'Afrique de l'Ouest

L'urbanisation des pays de l'Afrique de l'Ouest 1950–2010

AFRICAPOLIS I, MISE À JOUR 2015

François Moriconi-Ebrard, Dominique Harre
et Philipp Heinrigs

Merci de citer cet ouvrage comme suit :
Moriconi-Ebrard, F., D. Harre et P. Heinrigs (2016), *L'urbanisation des pays de l'Afrique de l'Ouest 1950-2010 : Africapolis I, mise à jour 2015*, Cahiers de l'Afrique de l'Ouest, Éditions OCDE, Paris.
http://dx.doi.org/10.1787/9789264252257-fr

ISBN 978-92-64-25224-0 (imprimé)
ISBN 978-92-64-25225-7 (PDF)

Collection : Cahiers de l'Afrique de l'Ouest
ISSN 2074-3564 (imprimé)
ISSN 2074-3556 (en ligne)

Crédits photo : Couverture © Philippe Krueger/BUREAU.PK, Berlin.

Version révisée, mars 2016.
Les détails des révisions sont disponibles à l'adresse :
www.oecd.org/about/publishing/Corrigendum-UrbanisationDynamicsWestAfrica-FR.pdf.

Les corrigenda des publications de l'OCDE sont disponibles sur : *www.oecd.org/about/publishing/corrigenda.htm.*

Avant-propos

Le peuplement et l'urbanisation, qui en est l'une des manifestations, sont au cœur des réflexions du Club du Sahel et de l'Afrique de l'Ouest depuis plus de deux décennies. Elles permettent notamment de mieux comprendre les transformations économiques, sociales et politiques de la région. Fin des années 90, l'Étude des perspectives à long terme en Afrique de l'Ouest – WALTPS (1998) est une contribution majeure fondée sur une démarche rétrospective et prospective des dynamiques de peuplement et de leurs impacts en Afrique de l'Ouest. Plus récemment, les travaux sur « Peuplement, marché et sécurité alimentaire » (OCDE/CSAO, 2013), mettent en avant le rôle des villes et des liens urbain-rural dans la croissance agricole, la modernisation des exploitations, le développement des chaînes de valeur agro-alimentaires et la sécurité alimentaire.

Les villes et leurs habitants sont au cœur des processus de développement dans les pays africains. Il existe cependant peu d'informations sur la taille réelle des villes ouest-africaines, leur nombre, leur emplacement, les distances qui les séparent les unes des autres, les formes et modalités de leur naissance et de leur croissance. Ces informations sont aujourd'hui indispensables à la mise en œuvre des politiques de développement, telles que l'aménagement du territoire, la planification urbaine, les décisions d'équipement en services publics ou d'investissement, la décentralisation et le développement territorial, ou encore le changement climatique et la politique énergétique, aux niveaux locaux, nationaux et régionaux.

Dans le cadre de son programme de travail et afin de mettre à disposition une base de données fiable, comparable et homogène au niveau régional, le CSAO/OCDE a financé la mise à jour de la base de données Africapolis I (disponible sur le site **stats.oecd.org**). Composante du programme e-Geopolis, elle repose sur une méthodologie associant images satellitaires et données de recensements qui permet d'identifier, localiser et estimer les dimensions physiques et démographiques des villes africaines. La mise à jour 2015 offre de nombreuses avancées en termes de couverture statistique et améliore la connaissance de l'état et des dynamiques d'urbanisation en Afrique de l'Ouest. Elle intègre les données démographiques issues des nouveaux recensements et des images aériennes plus récentes et de meilleure résolution. Bien qu'il subsiste encore de nombreuses lacunes dans la couverture statistique, il s'agit sans aucun doute de la meilleure image existante à ce jour de l'urbanisation contemporaine en Afrique de l'Ouest (1950–2010).

Africapolis a été initialement financée par l'Agence française de développement (AFD) en 2008 et soutenue par l'Agence nationale de la recherche (ANR) française.

Remerciements : Les auteurs sont François Moriconi-Ebrard (CNRS, e-Geopolis), Dominique Harre (e-Geopolis) et Philipp Heinrigs (Secrétariat du Club du Sahel et de l'Afrique de l'Ouest/OCDE). Avec l'appui éditorial de Marie Trémolières (Secrétariat du CSAO/OCDE) et les contributions de Thomas Allen (Secrétariat du CSAO/OCDE). Des remerciements spéciaux sont adressés à Lia Beyeler (Secrétariat du CSAO/OCDE), Cathy Chatel (e-Geopolis), Eric Denis (CNRS, e-Geopolis), Sylvie Letassey (Secrétariat du CSAO/OCDE) et Rafael Prieto Curiel (University College de Londres).

Le Club du Sahel et de l'Afrique de l'Ouest

Construire ensemble l'intégration régionale

Le Club du Sahel et de l'Afrique de l'Ouest (CSAO) est une plateforme internationale de dialogue politique et d'analyses dédiée aux enjeux régionaux en Afrique de l'Ouest. Sa mission est d'accroître l'efficacité de l'action régionale dans l'espace commun et interdépendant constitué par les 17 pays de la CEDEAO, de l'UEMOA et du CILSS. Créé en 1976, le Club est la seule entité internationale exclusivement dédiée à la coopération régionale en Afrique.

Plus de 100 parties prenantes participent aux plateformes du Club : gouvernements des pays ouest-africains et des pays membres de l'OCDE, organisations régionales, associations professionnelles et de la société civile, partenaires de développement bilatéraux et multilatéraux, et centres de recherche.

Sous la direction des Membres du Club, le Secrétariat du CSAO produit des analyses factuelles, innovantes et prospectives, facilite le dialogue, le partage de connaissances et la recherche de consensus, et élabore des recommandations politiques. Basé à l'OCDE, le Secrétariat fait valoir la voix de l'Afrique de l'Ouest dans les forums mondiaux.

Membres

Autriche : Ministère fédéral de l'Europe, de l'Intégration et des Affaires étrangères (BMEIA) – Coopération autrichienne (ADA); **Belgique** : Ministère des Affaires étrangères, du commerce extérieur et de la coopération au développement; **CEDEAO** : Commission de la Communauté économique des États de l'Afrique de l'Ouest; **CILSS** : Secrétariat exécutif du Comité permanent inter-États de lutte contre la sécheresse dans le Sahel; **États-Unis** : Agence américaine pour le développement international (USAID); **France** : Ministère des Affaires étrangères et du développement international; **Luxembourg** : Ministère des Affaires étrangères; **Pays-Bas** : Ministère des Affaires étrangères (MINBUZA); **Suisse** : Direction du développement et de la coopération (DDC), Département fédéral des affaires étrangères (DFAE); **UEMOA** : Commission de l'Union économique et monétaire ouest-africaine

L'Union européenne est un partenaire stratégique du CSAO et contribue au financement de son programme de travail, notamment pour les activités liées à la sécurité alimentaire et à la résilience.

En tant qu'observateurs, l'Union africaine et l'Agence de planification et de coordination du NEPAD, le Ministère canadien des affaires étrangères, du commerce et du développement, ainsi que le Réseau des organisations paysannes et des producteurs agricoles de l'Afrique de l'Ouest (ROPPA) sont étroitement associés aux travaux du CSAO.

En savoir plus :
www.oecd.org/fr/csao
http://stats.oecd.org

Contact :
E-mail swac.contact@oecd.org

Le programme global e-Geopolis

Mesurer, comparer, homogénéiser les données

Financé par l'Agence nationale de la recherche (ANR) française, le programme e-Geopolis fournit une mesure cohérente de l'urbanisation au niveau mondial, applicable à plusieurs échelles géographiques, du local à l'international. L'analyse comparative des dynamiques d'urbanisation nécessite en effet d'avoir des données homogènes et standardisées. Or, celles publiées sur l'urbanisation sont établies sur la base de définitions différentes d'un pays à l'autre. Le programme e-Geopolis vise à combler ce manque. Africapolis est le programme régional issu du programme mondial e-Geopolis et spécifique au continent africain. Le programme Africapolis débute en 2008 financé par l'Agence française de développement (AFD). Il compte trois phases : Africapolis I (Afrique de l'Ouest, 2008), Africapolis II (Afrique de l'Est et du centre, 2011), Africapolis III (Afrique australe).

Une méthode unique reconnue par la communauté scientifique internationale

E-Geopolis propose une définition standard de l'urbain et une méthodologie associant images satellitaires et données des recensements généraux de la population publiés par les instituts statistiques nationaux. E-Geopolis donne également la géolocalisation en coordonnées géographiques terrestres des unités locales, permettant ainsi le croisement entre les informations morphologiques et les attributs qualitatifs ou quantitatifs des unités locales. Ceci permet d'obtenir des données comparables et indépendantes à partir des définitions nationales officielles et vérifiables.

La comparabilité

Les États sont de taille, de forme et de configurations hétérogènes. Le tracé des frontières nationales divise des groupes de population, des milieux naturels ou des bassins initialement homogènes. Or, c'est au niveau national que sont définies les « villes », empêchant les comparaisons entre États. Ainsi, restituées par l'application d'une seule et unique définition, les données e-Geopolis redonnent la possibilité de cartographier, comprendre, mesurer les faits à l'échelle de l'ensemble de l'Afrique de l'Ouest, voire comparer ces résultats à d'autres régions du continent et du monde.

L'indépendance au regard des définitions nationales

La définition de l'urbain représente un enjeu stratégique qui conduit ou non l'État à influencer les chiffres. En jouant sur les seuils de taille démographique et/ou les contraintes fonctionnelles (être chef-lieu ou non), et en divisant l'espace urbain en plusieurs communautés indépendantes, la configuration des systèmes urbains, des migrations campagne-ville, des hiérarchies urbaines, etc. peut s'avérer différente. La définition e-Geopolis – un minimum de 10 000 habitants et une étendue bâtie avec moins de 200 mètres entre deux bâtiments – est appliquée quelle que soit la définition nationale en vigueur.

La vérification

Ces deux informations peuvent être vérifiées. L'extension de l'aire bâtie peut être confrontée au terrain, comparée aux cartes ou superposée aux images satellites via Google Earth. Les données démographiques sont issues de sources publiques et officielles ; sauf indication contraire, elles proviennent des recensements de population et de l'habitat.

Table des matières

Cartes

Encadrés

Graphiques

Planches

Tableaux

Résumé

En 1950, l'Afrique de l'Ouest compte 152 agglomérations urbaines contre 1 947 en 2010 dont la plus grande ville sub-saharienne Lagos avec 10.6 millions d'habitants. Ces centres abritent 133 millions de personnes soit 41 % de la population totale ouest-africaine. La majorité des urbains vit dans une ville qui n'existait pas en 1950 ou qui était un petit village. Les villes et leurs habitants façonnent le paysage économique, politique et social. Cependant, il existe peu de données à jour et disponibles pour une compréhension fine des dynamiques d'urbanisation et de leurs impacts.

Ces informations sont cruciales pour la mise en œuvre de politiques de développement aux niveaux local, national et régional. Cela inclut l'aménagement urbain et rural, le service public, les stratégies d'investissements et d'infrastructures, la décentralisation ou encore les politiques de développement spatial. Le fait que la population d'un pays augmente ou que le niveau de l'urbanisation double ne fournit pas d'information sur la redistribution spatiale qui accompagne les dynamiques de population telles que la répartition géographique des villes, leur volume, leur nombre ou encore la distance entre elles. Les chercheurs, les gouvernements et les partenaires au développement ont besoin d'informations sur ces dynamiques au rythme soutenu pour mesurer leurs impacts, imaginer des stratégies pour aujourd'hui et demain.

Africapolis I était une contribution majeure à la connaissance géo-statistique des dynamiques d'urbanisation ouest-africaines. La méthodologie appliquée combine l'utilisation de données démographiques, d'images satellites et aériennes et d'autres sources cartographiques pour fournir des estimations de population au niveau de l'agglomération. La disponibilité de données désagrégées permet l'intégration de structures spatiales au sein de l'analyse du développement urbain et de la transformation territoriale. De même, les données Africapolis sont harmonisées, avec un seuil urbain homogène quelles que soient les définitions nationales. Ceci permet une analyse régionale et comparée entre pays.

Cette mise à jour de l'étude Africapolis I[2] publiée en 2008 donne des estimations de population pour 2 965 agglomérations en Afrique de l'Ouest, dont 1 947 de plus de 10 000 habitants. L'étude apporte par ailleurs quatre informations inédites :

1. Une géolocalisation systématique des agglomérations urbaines ;
2. Une identification des « petites villes » de 10 000 à 100 000 habitants ;
3. Une description des transformations territoriales qui résultent des processus morphologiques de croissance urbaine ;
4. Un inventaire des 1 236 agglomérations du Nigéria.

L'identification des villes de moins de 100 000 habitants constitue une contribution majeure du programme Africapolis. La plupart des bases de données, notamment celles des Nations Unies, ne liste que les villes de plus de 100 000 habitants. Les agglomérations de 10 000 à 100 000 habitants représentent cependant 90 % des villes ouest-africaines en 2010. Elles rassemblent 45 millions de personnes. Par ailleurs, de nouvelles villes ne cessent d'émerger au bas de la hiérarchie urbaine, avec 565 nouvelles agglomérations qui passent le seuil de 10 000 habitants depuis 2000.

L'étude souligne l'importance des petites et moyennes agglomérations dans la structuration des réseaux urbains nationaux et l'émergence de nouvelles agglomérations urbaines par urbanisation *insitu*, une caractéristique majeure des dynamiques d'urbanisation en Afrique de l'Ouest. Cette prolifération de petites agglomérations sur le territoire, dont on peut discuter du caractère urbain, est le résultat d'un ensemble de facteurs propres à chaque contexte national. Ces derniers incluent les politiques de décentralisation, mais également les héritages précoloniaux (exemple du Nigéria) et coloniaux (qui explique la position littorale des capitales). Par ailleurs, indépendamment des contextes nationaux, la croissance démographique rapide au cours des dernières décennies. Le nombre de petites agglomérations affaiblit le rôle des villes secondaires dans les hiérarchies urbaines nationales et renforce ainsi le poids des métropoles.

L'approche morphologique adoptée dans l'étude Africapolis permet une meilleure compréhension des processus de transformation des territoires, qui demeurent peu explicités et mesurés hormis le cas de quelques métropoles[3]. Les processus morphologiques qui accompagnent la forte progression de l'urbanisation éclairent des dynamiques complexes d'urbanisation. Ces processus peuvent être observés à plusieurs échelles : métropoles, villes secondaires, coalescence de villages, formation de conurbations[4]. Il s'agit :

- de l'étalement des régions métropolitaines, comme à Nouakchott, Ouagadougou, Conakry et Freetown ;
- de la forte et peu régulée expansion des villes secondaires, suivant un modèle proche de celui des métropoles ;
- de la formation d'agglomérations urbaines par coalescence à différentes échelles dans les pays ou régions à forte densité humaine, par exemple au Bénin et au Ghana où des agglomérations urbaines émergent de la fusion de plusieurs villages ;
- des formes méta-urbaines des conurbations du Nigéria.

Les processus de transformation des territoires présentent une caractéristique commune majeure : la densification de l'habitat qui conduit à une « urbanisation diffuse » de territoires considérés officiellement « ruraux ». Les conurbations et les agglomérations nées de coalescence de villages repoussent la « limite » de l'urbain. Elles conduisent à rediscuter les critères retenus pour distinguer l'urbain du rural : densités, type d'habitat et importance de l'agriculture. Elles transforment la compréhension des dynamiques d'urbanisation en Afrique de l'Ouest. Au Nigéria en particulier, le passage de l'hyper-rural au méta-urbain bouleverse la hiérarchie nationale des agglomérations du pays. Onitsha est devenue la deuxième plus grande ville du Nigéria, avec 6.28 millions d'habitants, suite à sa fusion avec une vingtaine d'autres agglomérations depuis 1990.

Ces nouvelles estimations fournissent probablement la mesure la plus exhaustive existante à ce jour des dynamiques d'urbanisation au Nigéria. 1 236 agglomérations sont ainsi identifiées (contre 607 dans l'étude de 2008), dont 1 020 ayant dépassé 10 000 habitants en 2010. Les données actualisées permettent de repérer l'émergence d'immenses conurbations dans la région dense du delta du Niger et l'apparition de nouvelles petites agglomérations, deux phénomènes insuffisamment pris en considération en 2008.

Ce travail améliore de manière significative la connaissance géo-statistique et la compréhension des dynamiques d'urbanisation en Afrique de l'Ouest. Ces nouvelles données sont tout à la fois plus exhaustives et plus robustes. Il subsiste cependant encore de nombreuses lacunes dans la couverture statistique, en particulier pour le Nigéria. Incohérences statistiques et lacunes géographiques et historiques dans la couverture des recensements demeurent des obstacles à l'analyse complète des dynamiques d'urbanisation de la région.

NOTES

1 *Sauf indication contraire, les données démographiques utilisées sont issues des résultats des recensements généraux de la population et des dénombrements publiés par les instituts statistiques nationaux.*

2 *Publiée en 2008, Africapolis I estimait la population des agglomérations urbaines en 2000 et donnait des projections pour 2010 et 2020. L'étude identifiait alors 1 582 agglomérations urbaines.*

3 *The State of African Cities 2010, United Nations HumanSettlements Programme (UN-HABITAT).*

4 *Une conurbation est définie ici comme une agglomération qui est le fruit de la fusion d'au moins deux anciennes agglomérations urbaines.*

Mise à jour des connaissances sur l'urbanisation en Afrique de l'Ouest

Au sein du continent africain, le moins urbanisé du monde, le niveau d'urbanisation ouest-africain est de 41 % en 2010. Ces taux s'échelonnent de 18 % au Niger à 48 % en Côte d'Ivoire et en Gambie. La transition urbaine est largement entamée, en particulier dans ce dernier, où le mouvement est ancien. L'analyse des données quantitatives et des indicateurs met en évidence des dynamiques d'urbanisation récentes et émergentes. Leur prise en compte paraît essentielle pour les politiques de développement, d'investissement et d'équipement en infrastructures.

La présente étude met à jour les données et les résultats de deux précédents travaux réalisés par e-Geopolis. Le premier, « Africapolis I » (2008) porte sur l'urbanisation de 16 pays d'Afrique de l'Ouest ; le second, « Africapolis II » (2011) sur 19 pays d'Afrique orientale et centrale.

Un pays supplémentaire est donc couvert (Tchad) soit 1.3 million de km^2 et 12 millions d'habitants supplémentaires en 2010. La présente étude va au-delà de l'« actualisation » et intègre de nouveaux recensements de population nationaux, des fichiers de géolocalisation plus complets des lieux habités, et la généralisation d'images satellites en haute définition et plus récentes (après 2008).

Un panorama complet des agglomérations de 10 000 habitants ou plus entre 1950 et 2010 est dressé à partir de l'étude Africapolis I. La zone couverte porte sur 17 pays : Bénin, Burkina Faso, Cap-Vert, Côte d'Ivoire, Gambie, Ghana, Guinée, Guinée-Bissau, Libéria, Mali, Mauritanie, Niger, Nigéria, Sénégal, Sierra Leone, Tchad et Togo.

LES APPORTS SPÉCIFIQUES DE L'ACTUALISATION

Les trois catégories de données mobilisées dans la méthode d'identification et de mesure des agglomérations urbaines sont actualisées depuis Africapolis I. Un travail particulier est réalisé sur le Nigéria.

Intégration de sources démographiques plus récentes

Treize pays sont concernés : Bénin, Burkina Faso, Cap-Vert, Ghana, Guinée-Bissau, Libéria, Mali, Mauritanie, Niger, Nigéria, Sénégal, Tchad et Togo. Les recensements récents (Tableau 1.2) permettent de réévaluer significativement les effectifs de population en 2010. Cela concerne la population totale aussi bien que celle des agglomérations.

Mise à jour systématique des taches urbaines pour l'ensemble des pays

La révision des limites des taches urbaines bénéficie de la disponibilité d'images plus récentes (de 2007 à 2012) et de bien meilleure résolution que celles disponibles en 2008. La tache urbaine est représentée par un polygone couvrant les zones bâties agglomérées. La révision conduit à réévaluer la taille de plusieurs agglomérations, à repérer des phénomènes récents de coalescence ou d'absorption de zones urbaines auparavant considérées comme distinctes (Bénin, Guinée-Bissau,Mali et Nigéria). Enfin, elle mesure plus précisément la taille des petites agglomérations (de 10 000 à 50 000 habitants). Cette documentation améliore la qualification des processus morphologiques à l'œuvre dans l'émergence de nouvelles formes urbaines.

Géolocalisation précise des « unités locales » (villages, villes)

Les « unités locales » représentent l'unité administrative de base du comptage de la population. Jusqu'au début du XXIe siècle, elles n'étaient pas géo-localisées précisément mais seulement situées dans une division administrative hiérarchique supérieure (canton, département…). La mise à jour intègre les coordonnées géographiques précises de plusieurs dizaines de milliers d'unités locales, notamment au Mali, au Sénégal, en Guinée, en Côte d'Ivoire, au Cap-Vert, ainsi que dans la majeure partie du Niger et de la Gambie. Les villages du Burkina Faso et du Bénin sont tous géo-localisés depuis l'étude de 2008.

Approfondissement de l'étude du Nigéria

Une redéfinition des agglomérations et une estimation des populations du Nigéria à partir des données du recensement de 2006, bien qu'incomplètes, fournissent la seule mesure de l'urbain détaillée existante à ce jour. Le Nigéria rassemblant la moitié de la population urbaine de l'Afrique de l'Ouest, l'enjeu de cet apport est considérable. La redéfinition des agglomérations inclut un scannage systématique de la surface du pays (plus de 900 000 km^2). 1 236 agglomérations sont ainsi identifiées (contre 607 dans l'étude de 2008), dont 1 020 ayant dépassé 10 000 habitants en 2010. Le travail permet également de repérer l'émergence d'immenses conurbations dans la région dense du delta du Niger.

Graphique 0.1

Africapolis I 2008 versus Africapolis I – mise à jour 2015

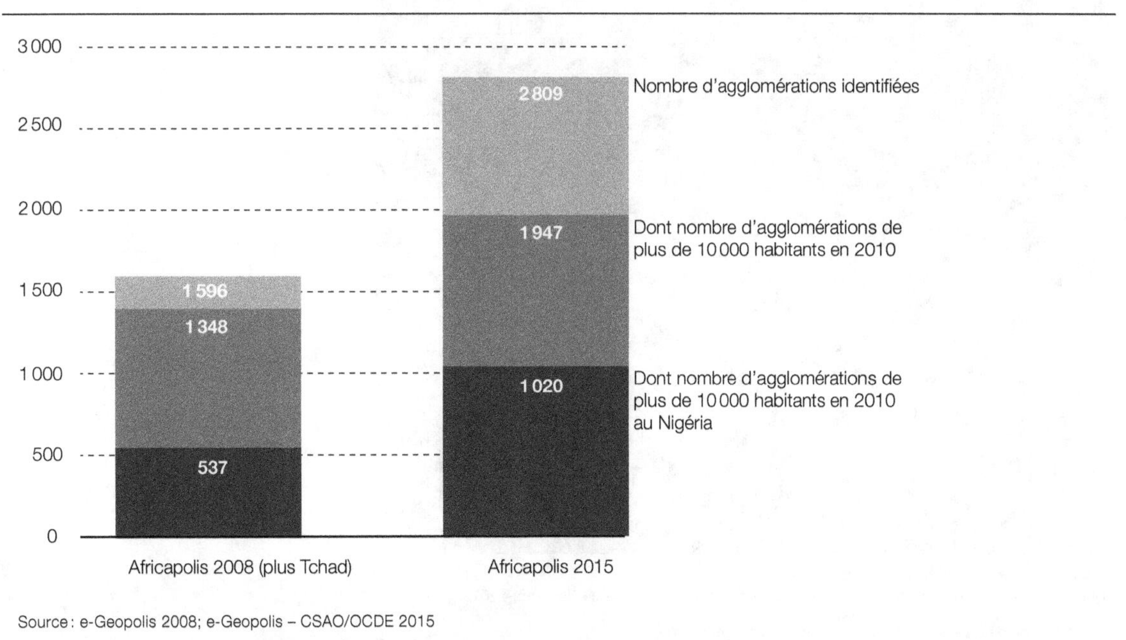

Source : e-Geopolis 2008; e-Geopolis – CSAO/OCDE 2015

Repérer les nouvelles agglomérations urbaines qui apparaîtront d'ici 2030

En 1950, il y a 152 agglomérations urbaines en Afrique de l'Ouest. Depuis, le nombre d'agglomérations est multiplié par 13, passant à 1 947. 43 % des urbains de 2010 habitent une agglomération qui n'existait pas ou n'était qu'un simple village en 1950. L'un des enjeux des projections de la population urbaine est de pouvoir estimer cette part des nouvelles villes dans l'échantillon des agglomérations urbaines. C'est en cela que résident la difficulté et la spécificité de cet exercice par rapport aux projections démographiques classiques, données par pays ou dans des divisions administratives dont le nombre ne change pas.

Afin d'anticiper le nombre d'agglomérations qui franchiraient le seuil de 10 000 habitants en 2020 puis en 2030[1], le seuil de repérage est disponible à 5 000 habitants. Si l'on projetait à 2030 les tendances observées, tout en tenant compte du tassement de l'accroissement démographique prévu par les projections des Nations Unies, 99 % des agglomérations sayant de 5 000 à 9 999 habitants devraient dépasser les 10 000 habitants en 2030. De nouvelles agglomérations, qui comptent en 2010 moins de 5 000 habitants, voire qui n'existent pas, viendront s'ajouter à ces dernières.

Planche 0.1

Actualisation de la tache urbaine : exemple de Bobo-Dioulasso, Burkina Faso, 2003–12

Sources : Google Earth (2012), Bobo-Dioulasso,
Disponible sur www.google.com/earth/download/ge/agree.html (vu le 29 Novembre 2012)

Notes : *En jaune – selon l'étude de 2008 ; en rouge – après la mise à jour.*

Encadré 0.1
Comparaison avec Africapolis I 2008

Les résultats majeurs de la mise à jour 2015 sont comparés à ceux de 2008 à partir de: la population urbaine, les niveaux d'urbanisation, le nombre d'agglomérations, de la taille des métropoles et les indices de primatie (Tableau 0.1).

Trois pays affichent des différences significatives : le Nigéria, le Mali et le Tchad.

- Au Nigéria, le niveau d'urbanisation est réévalué de 31 % à 46 %, corrélativement à l'accroissement du nombre d'agglomérations urbaines et à la télédétection de larges conurbations dans le delta du fleuve Niger. L'identification de la conurbation d'Onitsha, deuxième agglomération du Nigéria, non visible dans la liste des dix plus grandes agglomérations du pays en 2008, est la plus spectaculaire ;

- Au Mali, une meilleure appréciation de la taille de Bamako (+46 %) et l'identification de nouvelles agglomérations (grâce aux données démographiques récentes par village) expliquent la révision à la hausse du niveau d'urbanisation de 22 % à 30 %. Il s'agit de petites agglomérations officiellement sous statut rural de 10 000 à 50 000 habitants, nées de l'expansion de bourgs. Certaines sont situées en bordure des grands périmètres irrigués de Baguineda et de l'Office du Niger. La réévaluation de la taille démographique de Bamako s'explique par les banlieues identifiées et recensées en 2009. Ces dernières restent des « villages », même si six d'entre elles dépassent les 15 000 habitants en 2010, dont Kalabancoro (132 000 habitants) et Dialakorodji (près de 50 000) ;

- Au Tchad, la prise en compte des résultats du Recensement Général de la Population et de l'Habitat (RGPH) 2009 conduit au redressement de la taille des agglomérations et à l'identification de nouvelles. 15 camps de réfugiés sont désormais inclus dans la liste.

Les pays où les dynamiques d'urbanisation sont révisées à la baisse sont le Libéria (de 50 % à 44 %), le Bénin (45 % à 40 %) et le Cap-Vert (50 % à 47 %). Au Bénin, ceci s'explique par une nouvelle maille d'ajustement des unités locales, indisponible en 2008 : la population est évaluée par agrégation de « villages » et de « quartiers » et non plus estimée à partir de la population de l'arrondissement. Au Cap-Vert et au Libéria, les chiffres des deux derniers recensements sont intégrés (respectivement 2010 et 2008). Largement influencé par le Nigéria, le niveau d'urbanisation régional est réévalué à la hausse de 33 à 41 %.

Tableau 0.1

Africapolis I 2008 et mise à jour 2015 (pour 2010)

	Population urbaine (millions)		Niveau d'urbanisation (%)		Nb agglo. urbaines		Taille métropole(s) (millions)		Indice de primatie	
	AP I 2008	mise à jour 2015	AP I 2008	mise à jour 2015	AP I 2008	mise à jour 2015	AP I 2008	mise à jour 2015	AP I 2008	mise à jour 2015
Bénin	4.02	3.58	45	40	83	81	1.26	1.16	4.0	2.4
Burkina Faso	3.89	4.34	26	26	87	82	1.38	1.91	2.9	3.4
Cabo Verde	0.26	0.23	50	47	6	4	0.13	0.13	1.6	1.9
Côte d'Ivoire	9.52	9.46	45	48	157	166	4.11	3.97	6.7	6.7
Gambie	0.75	0.84	45	48	7	10	0.58	0.6	8.1	7.2
Ghana	9.97	10.93	44	45	151	173	3.45	3.63	1.9	1.6
Guinée	3.02	3.19	34	32	26	39	1.58	1.41	8.7	8.5
Guinée-Bissau	0.56	0.60	37	38	8	6	0.46	0.46	18.7	7.5
Libéria	1.64	1.61	50	44	18	23	1.26	1.17	24.5	25.7
Mali	2.94	4.59	22	30	45	71	1.55	2.27	9.7	9.4
Mauritanie	0.97	1.13	31	35	11	16	0.7	0.74	8.4	8.5
Niger	2.33	2.81	18	18	46	51	0.87	1.17	4.2	5.6
Nigéria	48.48	76.42	31	46	509	1 020	15.41	16.87	3.2	1.7
Sénégal	5.42	5.58	45	46	53	57	2.75	2.56	5.2	3.7
Sierra Leone	1.44	1.67	26	28	14	19	0.89	0.93	5.5	5.5
Tchad	2.39	3.02	20	26	42	75	1.04	1.01	7.7	7.0
Togo	2.78	2.79	47	46	57	54	1.41	1.45	12.0	11.0
Afrique de l'Ouest	100.38	132.79	33	41	1 320	1 947				

Note: Le nombre de métropoles a changé.

Source : Africapolis I, 2008 ; Africapolis II, 2009 ; e-Geopolis – CSAO/OCDE 2015

Mise à jour de l'extension physique des zones agglomérées vers 2010

Les taches urbaines en 2008 sont redessinées en partant d'images récentes de 2008 à 2012 (Planche 0.1) et dont le niveau de résolution est meilleur. Seule une partie du sud de la Côte d'Ivoire, du centre du Ghana et du Libéria, souffrent encore d'images plus anciennes et de moindre qualité. Du fait de leur extension géographique plus vaste, la plupart des grands centres urbains sont couverts par des images de dates différentes. Toutes les agglomérations de plus de 50 000 habitants, sont documentées par des images récentes et de bonne qualité.

Confirmation des tendances identifiées en 2008

Les résultats de l'actualisation n'apportent pas de révélations majeures, mais affinent les résultats conférant une plus grande fiabilité aux données. Le rapport ne remet en question, ni les indicateurs globaux par pays, ni les « tendances lourdes » qui sont d'ailleurs plutôt accentuées. En dehors du Nigéria, la mise à jour revoit à la hausse le nombre d'agglomérations estimé et projeté pour 2010 et, dans certains cas, leur taille (Bamako, Ouagadougou).

Les résultats confirment l'apport de l'approche morphologique à la mise en évidence des dynamiques les plus actives de l'urbanisation, et leur prise en compte dans les politiques d'aménagement des territoires urbains et ruraux, les programmes de gouvernance urbaine ou de transport. Ainsi, une forte expansion spatiale de certaines capitales (Nouakchott, Ouagadougou, Conakry, Freetown) et de nombreuses agglomérations secondaires se poursuit sur un modèle similaire à celui des métropoles. Dans les pays de forte densité démographique, des coalescences soutenues s'observent à plusieurs échelles. Leur mesure montre que la formation de larges conurbations[2] transforme l'image de l'urbanisation dans les pays d'Afrique de l'Ouest.

NOTES

1 *Projections non présentées dans le présent rapport.*

2 *Une conurbation est définie ici comme une agglomération qui est le fruit de la fusion d'au moins deux anciennes agglomérations urbaines.*

Bibliographie

AFD (2010), "Africapolis II – Dynamiques urbaines en Afrique centrale et orientale, 1950–2020", Agence Française de Développement, Paris, http://e-geopolis.eu/IMG/pdf/AFRICAPOLIS_II_resume.pdf.

AFD (2008), "Africapolis I – Dynamiques de l'urbanisation, 1950–2020 : Approche géo-statistique, Afrique de l'Ouest", Agence Française de Développement, Paris, www.afd.fr/webdav/shared/PUBLICATIONS/THEMATIQUES/autres-publications/BT/Africapolis_Rapport.pdf

Cour, J. et S. Snrech (eds.) (1998), *Pour préparer l'avenir de l'Afrique de l'Ouest – Une vision à l'horizon 2020.* Étude des perspectives à long terme en Afrique de l'Ouest (WALTPS), Éditions OCDE, Paris, http://dx.doi.org/10.1787/9789264263727-fr.

OCDE (2013), *Peuplement, marché et sécurité alimentaire*, Cahiers de l'Afrique de l'Ouest, Éditions OCDE, Paris, http://dx.doi.org/10.1787/9789264187412-fr.

Chapitre 1

Anticiper les transformations liées aux dynamiques de peuplement ouest-africaines

1.1 DÉFINITION DE L'URBAIN

Qu'elle représente une quantité de population urbaine, un taux d'urbanisation, ou encore un nombre d'agglomérations urbaines, la mesure de l'urbain dépend de la définition choisie. En Afrique de l'Ouest les définitions varient d'un pays à l'autre : lorsqu'un seuil est appliqué, il varie de 1 500 (Guinée-Bissau) à 20 000 habitants (Nigéria). Le statut administratif peut également déterminer l'urbain.

Une définition unique de l'urbain est appliquée pour l'ensemble des pays afin de faciliter les comparaisons régionales et internationales. L'identification des agglomérations urbaines s'appuie sur deux critères de définitions, l'occupation du sol et la quantité de population.

1. L'agglomération est une étendue bâtie et artificialisée, sans solution de continuité de plus de 200 mètres entre deux bâtiments ;
2. Elle est dite urbaine si elle compte un minimum de 10 000 habitants agglomérés.

L'adjectif « urbain » s'avère discutable selon les perspectives (sociale, économique, politique, anthropologique). De même, il peut contredire les nomenclatures nationales qui considèrent certaines agglomérations de plus de 10 000 habitants comme rurales, voire qui ne les identifient tout simplement pas comme agglomération. A l'opposé, il existe des agglomérations de moins de 10 000 habitants qui mériteraient le qualificatif d'« urbain ». Le choix de la définition numérique permet de parler du même objet quel que soit le milieu, le pays ou la région où l'on se trouve.

L'établissement des données urbaines suppose de repérer les surfaces occupées par les zones bâties à partir d'images satellites récentes et à haute résolution (tache urbaine). Les agglomérations les plus importantes (plus d'un km^2) sont ensuite repérées à partir des répertoires de localités ou de villages publiés avec les recensements de population. Il est possible dès lors d'affecter aux agglomérations une quantité de population calculée à partir des recensements de population : le nombre d'habitants est la somme des unités locales incluses dans l'agglomération[1].

Deux cas se présentent :

- Une agglomération urbaine s'étend dans le cadre du périmètre d'une seule unité locale. La population de l'agglomération urbaine correspond alors à la population de l'unité locale ;
- Une agglomération urbaine s'étend sur plusieurs unités locales. Dans ce cas, c'est l'unité locale la plus haut-placée dans la hiérarchie qui donne son nom à l'agglomération. En cas d'égalité, c'est la plus peuplée qui prime. Cette unité locale est considérée de facto comme le « centre », les autres sont les « banlieues ».

1.2 GÉOLOCALISATION DES UNITÉS LOCALES, DES AVANCÉES CONSIDÉRABLES

Les recensements ne localisent pas les unités locales. La géolocalisation, c'est-à-dire la localisation en coordonnées géographiques terrestres, des unités locales est une étape majeure dans la construction des données. En effet, l'acquisition des coordonnées des unités locales conditionne le croisement entre les informations morphologiques précédentes

Tableau 1.1
Les unités locales par État

	Nombre (arrondi)	Données sur la population	Etat de la géolocalisation	Croisement population/géolocalisation
Bénin	3 000	Oui	Oui	Oui
Burkina Faso	7 600	Oui	Oui	Oui
Cabo Verde	400	Oui	Oui	Oui
Côte d'Ivoire	8 500	Oui	Oui	Oui
Gambie	1 000	Oui	Oui	Possible
Ghana	60 000	Oui	Non	Non
Guinée	16 000	Oui	Oui	Non
Guinée Bissau	1 000	Non	Oui	Non
Libéria	3 500	Incohérentes	Oui	Non
Mali	13 000	Oui	Oui	Oui
Mauritanie	5 500	Oui	Oui	Possible
Niger	11 000	Oui	Non exhaustive	Partiel
Nigéria	24 000	Non	Partiel	Non
Sénégal	13 500	Oui	Oui	Non
Sierra Leone	5 000	Non	Partiel	Possible
Tchad	22 500	Oui	Oui	Non
Togo	4 000	Oui	Non exhaustive	Partiel
TOTAL	199 500			

Source : e-Geopolis – CSAO/OCDE 2015

et les attributs qualitatifs ou quantitatifs des unités locales (identifiants, chiffres de population).

En Afrique, leur géolocalisation constitue l'une des difficultés majeures de l'étude des dynamiques et de la répartition précise de la population. En 2008, ce corpus est constitué de 2 500 unités spatiales. Aujourd'hui sont identifiées près de 200 000 unités locales sur un espace de 7.4 millions de km² (Tableau 1.1).

Plusieurs incertitudes subsistent[2] :

- Le nombre d'unités locales, même arrondi, est en constante évolution. Par exemple, en Mauritanie, le nombre de « lieux habités » identifiés plus que double entre 1977 et 2000, passant de 2 342 à 5 551 ;
- Tous les pays ne définissent pas une « unité locale » de manière identique. Ainsi, les « settlements » du Ghana correspondent aux lieux habités, tandis que les villages et communes de Côte d'Ivoire sont des circonscriptions territoriales. Ces dernières peuvent abriter, outre le bourg principal, plusieurs dizaines de « campements » qui ne sont pas géo-localisés. Au Sénégal, il existe comme en Côte d'Ivoire deux niveaux de villages : le « village-centre » et le « grand village » qui regroupe des hameaux et des fermes isolées, lesquels sont ici en revanche nommés et géo-référencés ;
- Aucun répertoire officiel des unités locales trouvé pour le Nigéria et la Sierra Leone. La Guinée-Bissau n'a pas publié les résultats des

RGPH par unité locale. Au Libéria, il existe deux listes concurrentes et contradictoires ;
- La géolocalisation des unités locales : cette opération n'a été réalisée par aucun organisme au Ghana, et seulement partiellement au Niger ;
- Les incohérences lors du croisement de deux sources provenant d'institutions distinctes, ainsi entre le recensement de la population et la géolocalisation par le biais d'un autre ministère (agriculture, armée, services cartographiques). Les listes des localités ne convergent pas nécessairement et les dates peuvent varier.

Qu'il s'agisse des chiffres de population ou des coordonnées géographiques, l'exhaustivité des informations sur les unités locales, demeure un objectif difficile à atteindre. Néanmoins, la qualité des informations ne cesse de progresser.

Méthodologie relative à la mise à jour des données démographiques

Les statistiques démographiques ne servent pas seulement à informer le volume de population des agglomérations urbaines, mais aussi à estimer la population totale. Ceci permet le calcul d'indicateurs comme les niveaux d'urbanisation.

La base de données restitue les populations pour des dates harmonisées (1er juillet 1950, 1960, 1970, 1980, 1990, 2000, 2010). Sauf indication contraire, les données démographiques sont calculées à partir des résultats des recensements et des dénombrements réalisés entre 1948 et 2012. Il existe peu de données fiables officielles. Lorsque les instituts statistiques nationaux proposent des estimations, il s'agit souvent de simples projections. Les chiffres sont alignés par interpolation géométrique, ou en l'absence de source, par rétropolation pour le passé et projection pour le futur. Ainsi, les données pour 2010 de la Guinée et de la Côte d'Ivoire restent des projections, faute de sources récentes (Tableau 1.2).

L'actualisation de la base Africapolis I intègre des données démographiques provenant de nouveaux recensements de la population publiés depuis 2008. Certains sont antérieurs à 2008 (Burkina Faso, Sénégal, Nigéria) mais n'étaient alors pas disponibles. Au total, 13 pays sont concernés : Bénin, Burkina Faso, Cap-Vert, Ghana, Guinée-Bissau, Libéria, Mali, Mauritanie, Niger, Nigéria, Sénégal, Tchad et Togo.

1.3 LE CAS PARTICULIER DU NIGÉRIA

Le Nigéria fait l'objet d'une méthodologie spécifique en l'absence de statistiques démographiques fiables ne permettant pas d'appréhender la population des agglomérations par croisement des données démographiques et morphologiques. Cette méthodologie est décrite dans le chapitre 4, initiée par Denis en 2008 pour Africapolis I. Elle est approfondie en termes d'analyse des sources et d'utilisation de modèles globaux pour l'estimation des populations des agglomérations urbaines. La méthode intègre d'une part, des caractéristiques locales de peuplement, en s'appuyant sur un travail cartographique de repérage systématique des agglomérations et de leur emprise physique ; d'autre part, de modèles plus théoriques qui caractérisent les systèmes de peuplement.

1.4 DES PROBLÈMES PERSISTANTS, MAIS UNE MINE D'INFORMATIONS NOUVELLES

Si de nettes améliorations sont portées à la connaissance des dynamiques du peuplement ouest-africain, il persiste de nombreuses contraintes techniques : lacunes géographiques et historiques dans la couverture des recensements, déplacements massifs de population, manque de rigueur de certaines publications, difficultés à localiser les villages, et incertitudes toponymiques. Les données présentées restent donc incertaines.

Malgré ces contraintes méthodologiques, la connaissance s'améliore. Ainsi, la méthode

Tableau 1.2
Les sources démographiques disponibles en 2013

Pays	Date du RGPH base de l'actualisation	Date des recensements (RGPH)
Bénin	2013	2013 (p), 2006 (x), 2002, 1992, 1979
Mauritanie	2013	2013 (p), 2000, 1988, 1976
Niger	2011	2012 (p), 2011(*), 2001, 1988, 1977
Nigéria	2011	2011 (e), 2006, 1991, 1963, 1952, 1931
Cabo Verde	2010	2010, 2000, 1990,1980, 1970, 1960, 1950
Ghana	2010 (provisoire)	2010, 2000, 1984, 1970, 1960, 1948
Togo	2010 (provisoire)	2010, 1981, 1970, 1959
Guinée -Bissau	2009	2009, 1991, 1979, 1960, 1950
Mali	2009	2009, 1998, 1987, 1976
Tchad	2009	2009, 1993, 1968 (partiel)
Libéria	2008	2008, 1984, 1974, 1962
Burkina Faso	2006 (villages)	2006, 1996, 1985, 1975
Sénégal	2006	2006 (e), 2002, 1988, 1976
Sierra Leone	2004	2004, 1985, 1974, 1963
Gambie	2003	2003, 1993, 1983, 1973, 1963, 1951
Côte d'Ivoire	1998 (villages)	1998, 1988, 1975
Guinée	1996	1996, 1983, 1958

Note: (p) : Résultats partiels (désagrégés seulement sur les mailles supérieures du découpage territorial), (x) : Recensement électoral, (*) : Préparation du RGPH2012, (e) : Estimation officielle (souvent de simples projections)
Source : e-Geopolis – CSAO/OCDE 2015

permettrait d'estimer les nouvelles agglomérations dépassant les 10 000 habitants entre 2010 et 2030. Dispersées sur le territoire, ces nouvelles agglomérations contribueront à le mailler plus finement : la distance moyenne entre les agglomérations urbaines s'affaiblit. En se multipliant sur un espace géographique de dimension finie, les villes se rapprochent des populations rurales, ce qui est une problématique essentielle du développement. L'étude ne permet pas seulement de quantifier ce phénomène, mais de le localiser. Les résultats seraient très inégaux à l'échelle de la région.

1.5 CONTRAINTES LORS DE L'ÉVALUATION DE LA POPULATION TOTALE NATIONALE

Si la méthode développée par e-Geopolis s'efforce de restituer des évaluations fiables de la population des agglomérations, elle ne permet pas d'évaluer les effectifs de population totale des territoires. Or ces données sont indispensables car elles constituent le diviseur de nombreux indicateurs tels que le niveau d'urbanisation[3].

La source exclusive des données démographiques provient des recensements de la

Tableau 1.3
Population du Burkina Faso (milliers d'habitants)

Population du Burkina Faso (milliers d'habitants)	1950	1960	1970	1980	1990	2000	2010
e-Geopolis	3 010	4 178	5 195	6 598	8 863	11 416	16 469
ONU/WPP	4 284	4 882	5 807	7 212	9 339	12 314	16 496
USCB/IDB	4 376	4 866	5 304	6 318	8 361	11 588	16 242

Source : e-Geopolis 2013

population. Aucun pays de la région ne possède de fichier d'état-civil complet. Même s'il existe des données fiables pour un certain nombre de pays, aucune décennie n'est complète à l'échelle régionale. Sur la période 1950–2010, seuls le Cap-Vert, la Gambie et le Ghana possèdent des sources régulières et fiables.

Jusque dans les années 70, l'effectif de population totale des pays francophones est peu connu, faute de recensements. La situation s'améliore fin 1970 avec les premiers recensements du Burkina Faso (Haute-Volta, 1975), de Côte d'Ivoire (1975), du Mali (1976), de Mauritanie (1977), du Sénégal (1976), du Bénin (1979) et de la Guinée-Bissau (1979). Ces pays comptent pour un quart de la population de la région. Si l'on y ajoute les recensements de la Sierra Léone (1974), du Libéria (1974), du Togo (1970 et 1981) et des trois pays cités précédemment (Cap-Vert, 1970, Gambie, 1973 ; et Ghana, 1970), c'est au cours des années 70 que la population du plus grand nombre de pays de la région est la mieux connue.

A cette époque, le Nigéria, le Tchad et la Guinée possèdent peu d'informations statistiques. Au Tchad, le recensement de 1968 ne couvre pas la totalité du pays, si bien qu'il n'est pas publié. Celui de 1993 fournit un aperçu exhaustif de la population et de sa répartition. En Guinée, le recensement de 1983 souffre de graves lacunes et n'est que partiellement publié. Il faut attendre 1996 pour bénéficier de statistiques fiables. Les recensements nigérians sont plusieurs fois contestés. Ces trois pays représentent à eux seuls 59 % de la population de la région.

Dans les années 1990–2000, le Libéria et la Sierra Léone traversent une guerre civile et des déplacements massifs de population. Aucun recensement n'est réalisé au Togo entre 1981 et 2010. En revanche, 1991 est l'année où la population du Nigéria est la mieux connue. En termes de stocks, 94 % de la population est relativement bien connue en 1990.

En 2013, la plus grande inconnue reste l'effectif de population de la Côte d'Ivoire. Le dernier recensement date de 1998 et d'importants mouvements de population ont lieu pendant les troubles des années 2000. En ajoutant la Guinée, où le dernier recensement date de 1996, plus de 10 % de la population de la région n'est plus comptabilisée depuis 15 ans.

Les bases de données internationales

Au niveau mondial, deux bases de données font référence : les *World Population Prospects* (WPP) élaborées par les Nations Unies et l'International Database du Bureau du recensement des États-Unis (USCB/IDB). Elles sont accessibles en ligne. Au niveau ouest-africain, ces données présentent des grands écarts entre elles et avec les résultats de e-Geopolis. Les bases de données internationales « lissent » les variations considérées parfois comme biaisées. Les exercices de modélisation ne tiennent qu'insuffisamment compte du contexte national. Ainsi, au Burkina Faso (Haute-Volta) en 1950, un dénombrement de la population par canton opéré par l'administration française de l'AOF fait état de 3 010 000 habitants, ventilés par cantons et chefs-lieux. Ce document permet d'évaluer la population des villes en 1950 dans l'étude.

La base de données NU/WPP compte 4 284 000 habitants ; celle de l'USBC/IDB 4 376 000 (Tableau 1.3). Il semble que les chiffres soient rétropolés à partir de recensements plus récents. L'hypothèse est que la population

Graphique 1.1
Taux de croissance démographique annuel au Burkina Faso 1950–2010

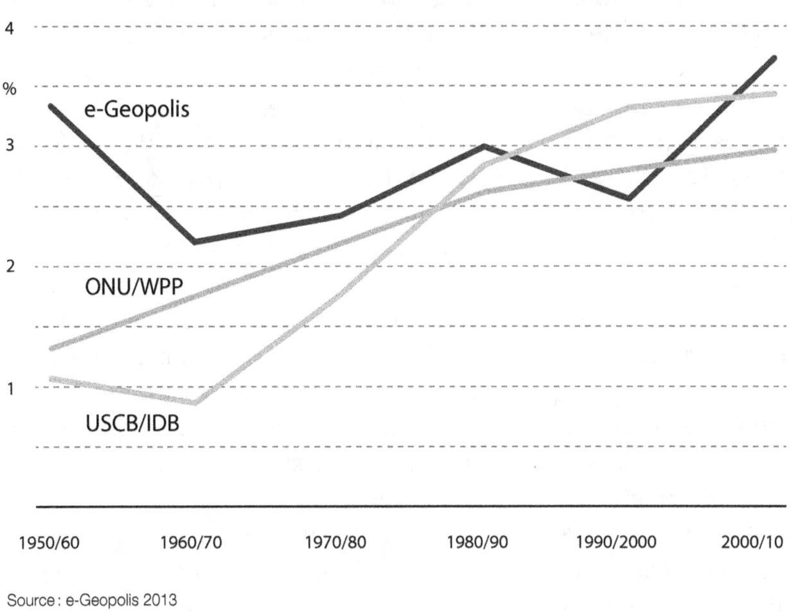

Source : e-Geopolis 2013

croîtrait moins vite dans les années 50 et 60 que dans les années 70 en raison d'une mortalité, notamment infantile, très forte. Celle-ci baisse par la suite, ce qui se répercute sur le taux de variation de la population.

La différence majeure entre les sources nationales et internationales s'explique par le fait que ces dernières partent du taux de croissance pour en déduire le nombre d'habitants, tandis qu'e-Geopolis s'appuie sur les dénombrements effectués, pour en déduire les taux de croissance. Du point de vue d'e-Geopolis, la baisse du taux de croissance entre 1950–60 et 1960–70 peut s'expliquer également par l'émigration internationale, notamment vers la Côte d'Ivoire. Les deux hypothèses restent bien sûr discutables.

E-Geopolis se base essentiellement sur les données nationales et non sur celles internationales. Introduire une correction statistique non-applicable à la réalité géographique ne présente aucun intérêt heuristique dans le cadre d'une étude de l'urbanisation. Plusieurs raisons expliquent les variations statistiques entre les trois sources. Cependant sur la période, les différences s'atténuent notamment en termes relatifs, alors que la population continue de croître.

Sous-énumérations

Les sous-énumérations sont hétérogènes et nombreuses. Certaines peuvent avoir une influence particulièrement importante certaines années et moindres d'autres. Les cas les plus courants de sous-énumérations sont les suivants :

- **Sous-enregistrement des nomades** : sont concernées les zones sahariennes et sahélo-soudaniennes, qui couvrent plusieurs centaines de milliers de km^2 ;
- **Sous enregistrement des « jeunes » hommes (15–40 ans)** : il est fréquent dans les pays en guerre civile larvée, par peur de leur enrôlement. Au Tchad, des contre-enquêtes post-censitaires montrent que les familles les cachent dans la brousse, lors de la période de comptage. La famille déclare qu'ils sont hébergés chez un parent dans une ville éloignée ou qu'ils ont émigré à l'étranger (Moriconi-Ebrard et Ratnan, 2006) ;
- **Sous-enregistrement des filles** : spécialiste des questions démographiques au Soudan et en Égypte, François Ireton (CNRS) relève jusqu'à 70 % de sous-déclaration des petites filles dans les markaz ruraux du Fayoum en Égypte au recensement de

1976 (CEDEJ, 1995). Il est possible que cette tendance existe en Afrique de l'Ouest;

- **Mauvaise couverture géographique conduisant à l'oubli de territoires entiers** : Ce cas est rapporté près de la frontière de la Centrafrique. Les massifs de collines boisés et accessibles à pied ou en deux-roues sont supposés inhabités aux recensements de 1955, 1973 et 1983. Les experts y ont parfois rencontré des groupes de milliers d'habitants vivant là depuis des décennies et peut-être davantage (rapporté par Denis, 2007) lors de la préparation du recensement du Sud-Soudan (2006–07);
- **Oubli volontaire de certaines catégories de populations** : les quartiers très denses en milieu urbain, et particulièrement ses îlots informels sont touchés. Cet oubli peut arranger les pouvoirs publics locaux tout comme les habitants qui ne souhaitent pas être questionnés sur leurs activités ou leurs accès au foncier;
- **Non-réponse de certains groupes d'habitants** : certains groupes politiques, linguistiques, ethniques ou religieux refusent d'être recensés pour des raisons fiscales, politiques, morales, militaires, etc. Comme les communautés ont tendance à se regrouper géographiquement, ce phénomène marque certains territoires plus que d'autres;
- **Problèmes de « résidentialité »** : une personne déclare habiter un autre lieu ou un chef de ménage déclare des personnes qui se trouvent physiquement ailleurs. Les migrations saisonnières favorisent cette tendance. Ainsi au Niger, la population de Maradi doublerait selon la saison (Giraut, 1999).

Effet des corrections sur le niveau d'urbanisation

Pour chaque décennie et pays, il conviendrait de mieux appréhender les causes de sous-enregistrement. La question est de savoir si les populations des agglomérations doivent, elles aussi, être corrigées ou non (au regard par exemple des causes de sous-enregistrements). Il se peut que la population urbaine burkinabé en 1950, par exemple, soit juste et la population totale sous-estimée, tout comme il se peut que la première soit également sous-estimée. L'impact des corrections peuvent jouer sur le niveau d'urbanisation de deux façons :

- Si la population urbaine est sous-estimée comme le reste de la population, celle des trois villes de plus de 10 000 habitants (Ouagadougou, Bobo Dioulasso et Koudougou) serait de plus de 40 % supérieure. En relevant la population de toutes les localités, Ouahigouya compterait 10 000 habitants. Dans certains pays, un grand nombre de localités devrait être reclassé, jouant significativement sur le niveau d'urbanisation. En redressant la population de toutes les localités, le niveau d'urbanisation croît par élargissement de l'échantillon des localités dépassant le seuil statistique de l'« urbain »;
- Si seule la population « rurale » est redressée, le niveau d'urbanisation baisse d'un tiers en 1950.

Réfugiés et déplacés

Les mouvements de population influencent la taille de certaines agglomérations dites « refuges » et densifient les réseaux urbains nationaux et régionaux. Les conclusions d'Africapolis II (Afrique centrale et orientale) sont pertinentes pour l'Afrique de l'Ouest. En janvier 2012, les services de l'UNHCR comptabilisent 327 000 réfugiés et 127 000 personnes déplacées internes, essentiellement en Côte d'Ivoire (UNHCR 2012 Regional Operations Profile – West Africa). Contrairement à Africapolis I & II, les camps de réfugiés sont inclus dans la liste des agglomérations de 2013. Ceci concerne le Tchad (15 camps) et le Libéria (deux camps). Ces déplacements pourraient avoir un impact possible sur la densification des réseaux urbains dans trois pays : le Libéria, la Côte d'Ivoire et le Tchad.

En Côte d'Ivoire, une étude estime que 80 % du demi-million de personnes déplacées en 2002, principalement depuis les régions Nord du pays, vivent dans les zones urbaines, notamment à Abidjan. Toutefois, des retours sont observés depuis la signature de l'Accord de Paix de Ouagadougou en 2007 (Lyytinen, 2009). Peu d'informations chiffrées existent quant à l'impact sur la taille des villes moyennes (Dekoué, Guiglio, Danané). Toutefois, le peuplement le long de la frontière ivoirienne et libérienne pourrait être affecté à terme si les réfugiés s'y installent. Début 2011, 96 % des 70 000 réfugiés ivoiriens résident dans 76 villages libériens dans une région peu urbanisée (UNHCR 2012, ibid.). Pourraient y émerger des agglomérations, à l'exemple des zones frontalières du Tchad.

Guerre civile et croissance de Monrovia

Les deux guerres civiles au Libéria (1989–1996 et 1999–2003) créent une instabilité démographique dans de nombreuses localités. Elles provoquent la mort de 200 000 personnes et déplacent un million d'habitants, le tiers de la population au moment du cessez-le-feu (Williams, 2011). La deuxième ville du pays en 1984, Camp IV, qui compte 49 400 habitants, est détruite en 2003. Sa population tombe à 1 100 en 2005. Plusieurs autres villes connaissent un déclin analogue. Les résultats provisoires du recensement de 2008 fournissent des chiffres sur les populations déplacées par *counties*. Parmi les deux millions de déplacés dans l'ensemble du Libéria, 746 000 seraient réinstallés et 95 000 non. Plus de la moitié des déplacés sont non comptabilisés. Au plus fort des combats, la population de Monrovia est estimée entre 1 et 1.5 million d'habitants (UN Habitat, cité par Williams, 2011). Nos estimations s'élèvent à 1.2 million d'habitants en 2010. Alors que dans d'autres zones, les taux de croissance des métropoles ralentissent (avec une part prépondérante de l'accroissement naturel du stock de population), celui observé à Monrovia suit une tendance inverse depuis le début des années 80. Sur la période allant de 1980 (année d'un premier coup d'État) à 2000, le taux de croissance est double de celui des autres agglomérations. L'état privilégie le retour dans les régions d'origine avec un certain succès mais accorde théoriquement la possibilité de rester. Comme à Khartoum ou Luanda, villes refuges au cours des guerres, les zones d'habitat précaires de Monrovia sont occupées par des personnes déplacées ce qui affecte leur accès aux services ou la sécurité foncière.

Effets sur les réseaux urbains : l'exemple du Tchad

Ces effets sont liés à la présence ancienne de camps de réfugiés dans des zones peu peuplées et peu intégrées au reste du territoire. Ainsi douze camps sont installés depuis 2004 le long de la frontière avec le Darfour et six camps bâtis entre 2003 et 2008 à la frontière avec la Centrafrique. A la frontière soudanaise, en 2010, la population des camps varie de 12 000 à 32 000 personnes dans une région où les seules agglomérations sont Irida (42 000 habitants), Adré (16 000 habitants) et Tine Djangarba (16 000 habitants). Les études menées dans la Corne de l'Afrique considèrent les camps comme des « villes », reconnaissant la vitalité de l'activité économique et les liens commerciaux avec les centres urbains. L'allongement de la durée des séjours (10 à 20 ans) est un élément explicatif. L'aide s'étend aux communautés hôtes tout en proposant aux réfugiés des projets micro-économiques agricoles et générateurs de revenus. La pérennité des camps non seulement transforme la carte urbaine mais aussi constitue un facteur d'intégration régionale avec les pays voisins (flux économiques et humains).

Divergences relatives à la superficie... et à la densité

Les divergences entre les sources ont un impact sur la variable « superficie » et donc le calcul de la densité. Le tableau 1.4 compare les données de la Banque mondiale à la somme des unités administratives dérivée des données nationales.

Pour comprendre et interpréter ces différences, il faut signaler :

- Qu'aucun pays ouest-africain ne fournit de données de superficie cadastrée au niveau national. En 2013, le premier cadastre national géo-référencé est en cours de réalisation au Cap-Vert (superficie de 4 033 km², soit 0.05 % de la superficie régionale) ;
- Les superficies sont calculées à partir de cartes. Le choix du mode de calcul et de projection pour leur réalisation entraîne des écarts considérables, surtout dans les grands pays ;
- Certains pays incluent les plans d'eaux dans la superficie, d'autres non. Or, ceux-ci ne sont pas négligeables. Les lacs, lagunes et barrages des 17 États couvrent 37 643 km², soit l'équivalent d'un pays comme la Guinée-Bissau ;
- Les chiffres des deux colonnes peuvent ne pas coïncider en raison des arrondis introduits dans les termes des sommes.

Tableau 1.4
Superficie en fonction des sources (km²)

Pays	Banque mondiale	Sources nationales	% difference
Gambie	11 300	8 613	-31.0
Libéria	111 370	99 025	-12.0
Ghana	239 460	230 680	-4.0
Burkina Faso	274 200	270 764	-1.0
Tchad	1 284 000	1 274 413	-1.0
Côte d'Ivoire	322 460	320 803	-1.0
Mali	1 240 000	1 238 192	0.0
Guinée	245 857	245 790	0.0
Cabo Verde	4 033	4 033	0.0
Sierra Leone	71 740	71 740	0.0
Togo	56 785	56 785	0.0
Bénin	112 620	112 622	0.0
Guinée-Bissau	36 120	36 124	0.0
Sénégal	196 190	196 712	0.0
Niger	1 267 000	1 271 947	0.0
Mauritanie	1 030 700	1 035 000	0.0
Nigéria	923 768	937 052	1.0
Total	**7 427 603**	**7 410 295**	**0.0**

Source : e-Geopolis 2013, Banque mondiale 2013

La différence la plus élevée est en Gambie : elle s'explique par la prise en compte ou non des eaux de l'estuaire du fleuve. Au Ghana, elle provient de la surface de la retenue du barrage d'Akosombo (7 884 km²) qui ne fait partie d'aucun district et n'est donc pas compté dans la deuxième colonne. La superficie de la Guinée-Bissau varie de +/- 8 120 km² entre marée basse (36 120 km²) et marée haute (28 000 km²).

Tableau 1.5

Évolution de la population selon les sources de 1950 à 2010 (milliers)

e-Geopolis	1950	1960	1970	1980	1990	2000	2010
TOTAL	62 031	77 432	99 723	133 516	175 554	235 301	**322 579**
Bénin	1 572	2 237	2 709	3 460	4 689	6 411	9 000
Burkina Faso	3 010	4 178	5 195	6 598	8 863	11 416	16 469
Cabo Verde	150	200	271	296	**355**	435	492
Côte d'Ivoire	2 422	3 161	5 294	8 042	11 538	15 788	19 658
Gambie	**276**	306	436	628	919	1 262	1 728
Ghana	**5 544**	6 727	8 559	11 029	14 240	18 412	24 223
Guinée	2 250	2 944	4 133	5 445	**6 549**	7 937	9 982
Guinée-Bissau	509	525	487	785	952	1 239	**1 598**
Libéria	820	955	1 354	1 867	**2 401**	**2 965**	3 663
Mali	3 400	4 071	5 094	6 727	8 223	10 630	15 178
Mauritanie	847	1 007	1 241	1 530	1 960	2 508	3 163
Niger	2 164	2 867	4 008	5 616	7 609	10 604	15 512
Nigéria	31 800	39 230	49 300	65 700	86 950	119 350	**166 125**
Sénégal	2 060	2 529	3 776	**5 648**	7 250	9 479	12 053
Sierra Leone	1 915	2 116	2 519	3 137	3 850	**4 161**	5 868
Tchad	2 242	2 899	3 393	4 387	5 766	8 173	**11 755**
Togo	1 050	1 480	1 954	2 621	3 440	4 531	6 112

UN/WPP	1950	1960	1970	1980	1990	2000	2010
TOTAL	**72 874**	**88 561**	**111 025**	**144 317**	**189 060**	**244 673**	316 537
Bénin	**2 255**	**2 420**	**2 850**	**3 611**	**4 794**	6 543	8 882
Burkina Faso	4 284	**4 882**	**5 807**	**7 212**	**9 339**	**12 314**	**16 496**
Cabo Verde	**178**	**211**	**274**	**300**	351	**441**	502
Côte d'Ivoire	2 630	**3 638**	5 416	8 501	**12 551**	16 633	19 818
Gambie	271	**373**	459	630	**967**	1 299	1 731
Ghana	4 981	6 742	8 682	10 923	14 844	**19 242**	**24 512**
Guinée	**3 094**	**3 541**	**4 154**	4 407	5 775	**8 373**	10 021
Guinée-Bissau	518	593	603	**835**	**1 020**	1 245	1 521
Libéria	**911**	**1 116**	**1 440**	**1 923**	2 132	2 854	**4 005**
Mali	**4 638**	**5 248**	**6 034**	**7 246**	**8 687**	**11 317**	**15 395**
Mauritanie	657	854	1 134	1 518	**1 999**	**2 647**	**3 466**
Niger	2 462	3 250	4 373	5 871	7 797	**10 937**	**15 533**
Nigéria	**37 860**	**45 926**	**57 357**	**75 543**	**97 859**	124 102	159 022
Sénégal	2 416	3 048	4 096	5 414	7 250	**9 519**	**12 450**
Sierra Leone	1 895	2 187	2 593	3 162	3 987	4 147	**5 871**
Tchad	2 429	2 954	3 656	**4 554**	**6 030**	**8 248**	11 259
Togo	**1 395**	**1 578**	**2 097**	**2 667**	3 678	4 812	6 053

USCB/IDB	1950	1960	1970	1980	1990	2000	2010
TOTAL	66 889	83 941	108 770	142 991	187 715	242 524	317 128
Bénin	1 673	2 055	2 620	3 458	4 705	**6 619**	**9 056**
Burkina Faso	**4 376**	4 866	5 304	6 317	8 361	11 588	16 242
Cabo Verde	146	197	269	296	340	430	**509**
Côte d'Ivoire	**2 860**	3 576	**5 579**	**8 593**	12 491	**16 885**	**21 059**
Gambie	271	352	**485**	**652**	951	**1 357**	**1 755**
Ghana	5 297	**6 958**	**8 789**	**11 153**	**15 549**	18 981	23 571
Guinée	2 586	3 026	3 643	**4 447**	6 118	8 350	10 324
Guinée-Bissau	**573**	**617**	**620**	789	996	**1 279**	1 565
Libéria	824	1 055	1 397	1 857	2 139	2 601	3 685
Mali	3 688	4 495	5 546	6 868	8 487	10 788	14 583
Mauritanie	**1 006**	**1 117**	**1 289**	**1 545**	1 925	2 501	3 205
Niger	**3 271**	**3 913**	**4 841**	**6 093**	**7 825**	10 725	15 270
Nigéria	31 797	41 550	55 590	74 829	96 690	**124 207**	161 605
Sénégal	**2 654**	**3 270**	**4 318**	5 611	**7 348**	9 469	12 323
Sierra Leone	**2 087**	**2 396**	**2 789**	**3 335**	**4 228**	3 809	5 246
Tchad	**2 608**	**3 042**	**3 727**	4 522	5 841	7 943	10 543
Togo	1 172	1 456	1 964	2 626	**3 721**	4 992	**6 587**

Note : Les valeurs maximum figurent en gras.

Sources : e-Geopolis 2013, estimations basées sur une interpolation géométrique à partir des séries officielles de dénombrement disponibles (coloniales, puis nationales après l'indépendance) ; UN/WPP : UN « World Population Prospects the 2011 revision » ; USBC/IDB : US Bureau of Census « international Database ».

NOTES \\\

1 *Voir les rapports Africapolis I et II pour plus de détails.*

2 *Voir les fiches pays des États cités.*

3 *(Population urbaine/Population totale) x 100.*

Bibliographie

Denis, E. (2007), "Inégalités régionales et rébellions au Soudan", *Outre-Terre*, No. 20, Éditions Erès, http://dx.doi.org/10.3917/oute.020.0151.

Giraut, F. (1999), "Retour du refoulé et effet chef-lieu : Analyse d'une refonte politico-administrative virtuelle au Niger", *Graphigéo*, Pôle de Recherche pour l'Organisation et la Diffusion de l'Information Géographique UMR Prodig, Paris, www.prodig.cnrs.fr/IMG/pdf/1999-7.pdf.

Lyytinen, E. (2009), "A tale of three cities: Internal displacement, urbanization and humanitarian action in Abidjan, Khartoum and Mogadishu", *New Issues in Refugee Research*, Research Paper No. 173, UNHCR, www.unhcr.org/4a1d33e96.html.

Moriconi-Ebrard, F. et N. Ratnan (2006), "Population", in *Atlas du Tchad*, Éditions du Jaguar, Paris.

UNHCR (2012), "Regional operations profile West Africa", Haut Commissariat des Nations Unies pour les Réfugiés, Genève, www.unhcr.org/pages/49e45a9c6.html [consulté le 29/11/2012]

Williams, R.C. (2011), "Beyond Squatters' Rights: Durable Solutions and Development-induced Displacement in Monrovia, Liberia", *Norwegian Refugee Council Thematic Report*, Oslo, www.nrc.no/arch/_img/9195244.pdf.

Chapitre 2

Croissance démographique et expansion des agglomérations en Afrique de l'Ouest

2.1 RÉ-ACCÉLÉRATION DE LA CROISSANCE DE LA POPULATION URBAINE

Entre 2000 et 2010, la population urbaine croît de 48 millions, pour atteindre 133 millions ; une augmentation de près de 60 % au regard des 85 millions urbains en 2000. Le taux annuel moyen de croissance de la population urbaine s'élève à 4.6 %, contre 4.1 % pour la décennie précédente. Ce taux de 4.6 % équivaut à la croissance moyenne des 30 dernières années (Graphique 2.1).

Onze pays ont un taux de croissance de leur population urbaine en hausse par rapport à la décennie 1990–2000 dont sept par rapport à la moyenne de 1980–2010. Le Tchad connaît la plus forte croissance avec un taux annuel moyen de 6.8 %, suivi par le Mali (6.2 %) et le Burkina Faso (6.1 %). La population urbaine au Niger croît de 5 % par an, également au-dessus de la moyenne régionale.

La plus forte accélération du taux de croissance pour la décennie 2000–10 est visible au Tchad. Celui-ci augmente de 1.9 point de pourcentage. La Guinée-Bissau suit avec 1.6 puis la Mauritanie (1.5) et le Libéria (1.4). La Gambie dotée de la plus forte croissance entre 1990 et 2000, connaît la plus forte décélération de croissance de la population urbaine, passant de de 6.6 % à 3.9 % ; suivie par le Cap-Vert (–1.5 point de pourcentage), la Guinée (–1.2 point de pourcentage) et la Côte d'Ivoire (–0.9 point de pourcentage).

L'accélération de la croissance urbaine aux cours des dernières dix années n'atteint pas les records observés à l'aube des indépendances. Entre 1950 et 1980, le taux de croissance moyenne de la population urbaine régionale est de 6.4 %. En outre, dans aucun pays, à l'exception de la Guinée-Bissau et du Mali, le taux n'est au-dessus de la moyenne sur la période 1950–2010.

Ceci s'expliquerait par la ré-accélération de l'accroissement global de la population dans certains pays. Alors que l'on pensait l'Afrique de l'Ouest engagée sur la pente descendante de la croissance démographique, les résultats des derniers recensements affichent la tendance inverse. Celle-ci s'illustre au Mali (1998–2009) et au Niger (2001–12). La croissance remonte au Bénin (2002–13) et au Nigéria (1991–2006). Ce léger rebond reste à confirmer dans les autres pays. Il serait passager car résultant d'une baisse considérable de la mortalité, notamment infantile. Il s'agirait de fluctuations au sein de la transition démographique (Graphique 2.2). Celles-ci ne sont pas sans effet sur l'accroissement de la population urbaine, sans pour autant relever directement d'un processus économique d'urbanisation. La baisse de la mortalité infantile peut cependant résulter de l'amélioration de l'accès aux équipements de santé, et donc de l'urbanisation.

2.2 PROGRESSION CONSTANTE DU NIVEAU D'URBANISATION

Le niveau d'urbanisation régional en 2010 s'élève à 41 % contre 36 % en 2000. Sept pays frôlent le seuil de 50 % : Côte d'Ivoire 48 %, Gambie 48 %, Cap-Vert 47 %, Sénégal 46 %, Togo 46 %, Ghana 45 %. Le Niger demeure parmi les pays les moins urbanisés du monde avec un taux de 18 %, comparable à celui de l'Éthiopie ou du Burundi (voir Africapolis II).

Le niveau d'urbanisation de l'Afrique de l'Ouest est fortement relevé par le Nigéria. En l'excluant, il serait de 36 %. En 1950, le Sénégal est le pays le plus urbanisé d'Afrique de l'Ouest (21 %), alors que le niveau d'urbanisation régional s'élève à 9 %. Les niveaux d'urbanisation sont aujourd'hui moins homogènes qu'ils ne l'étaient il y a soixante ans. C'est un effet

Graphique 2.1

Taux de croissance de la population urbaine

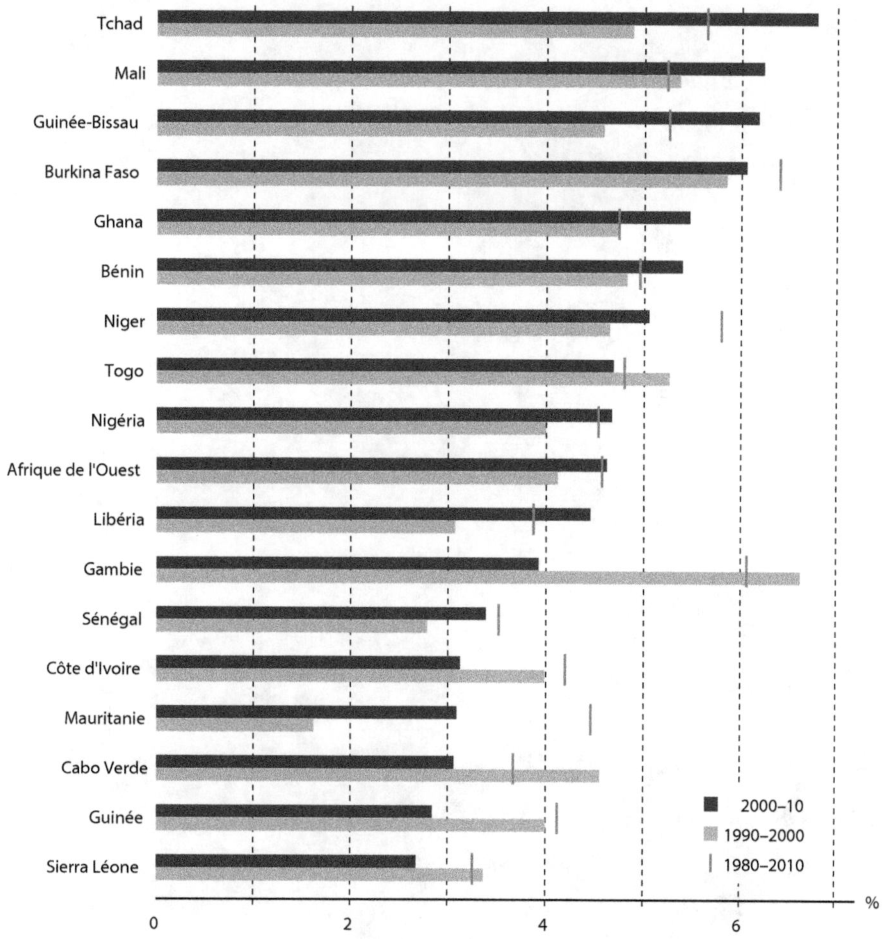

Tchad
Mali
Guinée-Bissau
Burkina Faso
Ghana
Bénin
Niger
Togo
Nigéria
Afrique de l'Ouest
Libéria
Gambie
Sénégal
Côte d'Ivoire
Mauritanie
Cabo Verde
Guinée
Sierra Léone
2000–10
1990–2000
1980–2010
0
2
4
6
%

Source : e-Geopolis – CSAO/OCDE 2015

Graphique 2.2

Vitesse de l'urbanisation et niveau d'urbanisation en 2010
(calculés en ratio U/R, Population urbaine/Population rurale)

Croissance U/R 2000–10
5
%
4
3
2
1
0
Niveau U/R
1.0
U/R
0.8
0.6
0.4
0.2
0
Guinée-Bissau
Ghana
Tchad
Libéria
Nigéria
Mali
Bénin
Cabo Verde
Burkina Faso
Afrique de l'Ouest
Togo
Sénégal
Côte d'Ivoire
Niger
Gambie
Mauritanie
Guinée
Sierra Léone

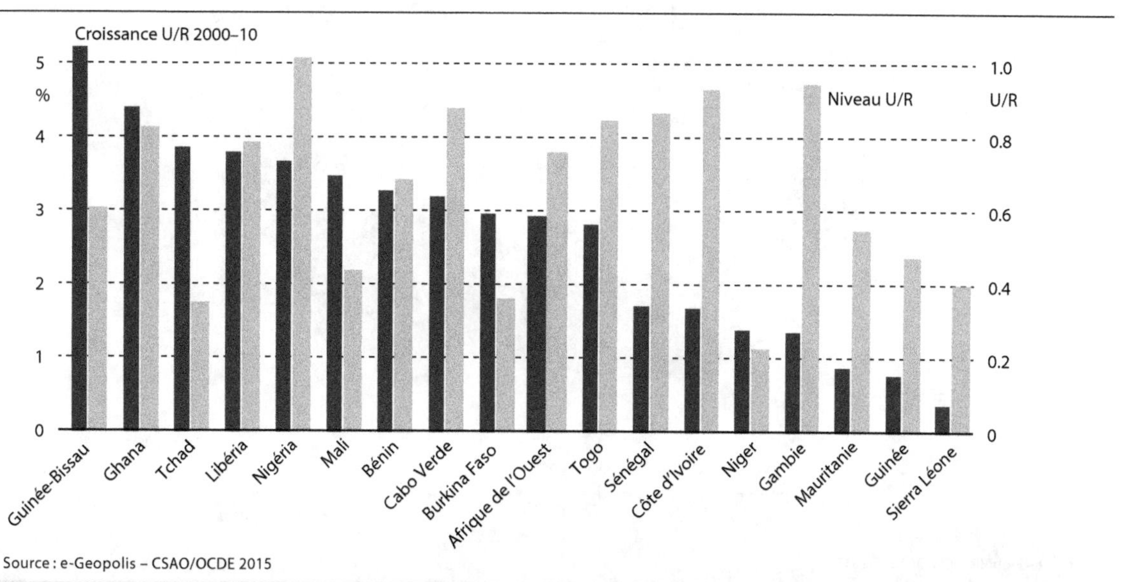

Source : e-Geopolis – CSAO/OCDE 2015

Carte 2.1
Niveaux d'urbanisation 1950, 1980 et 2010

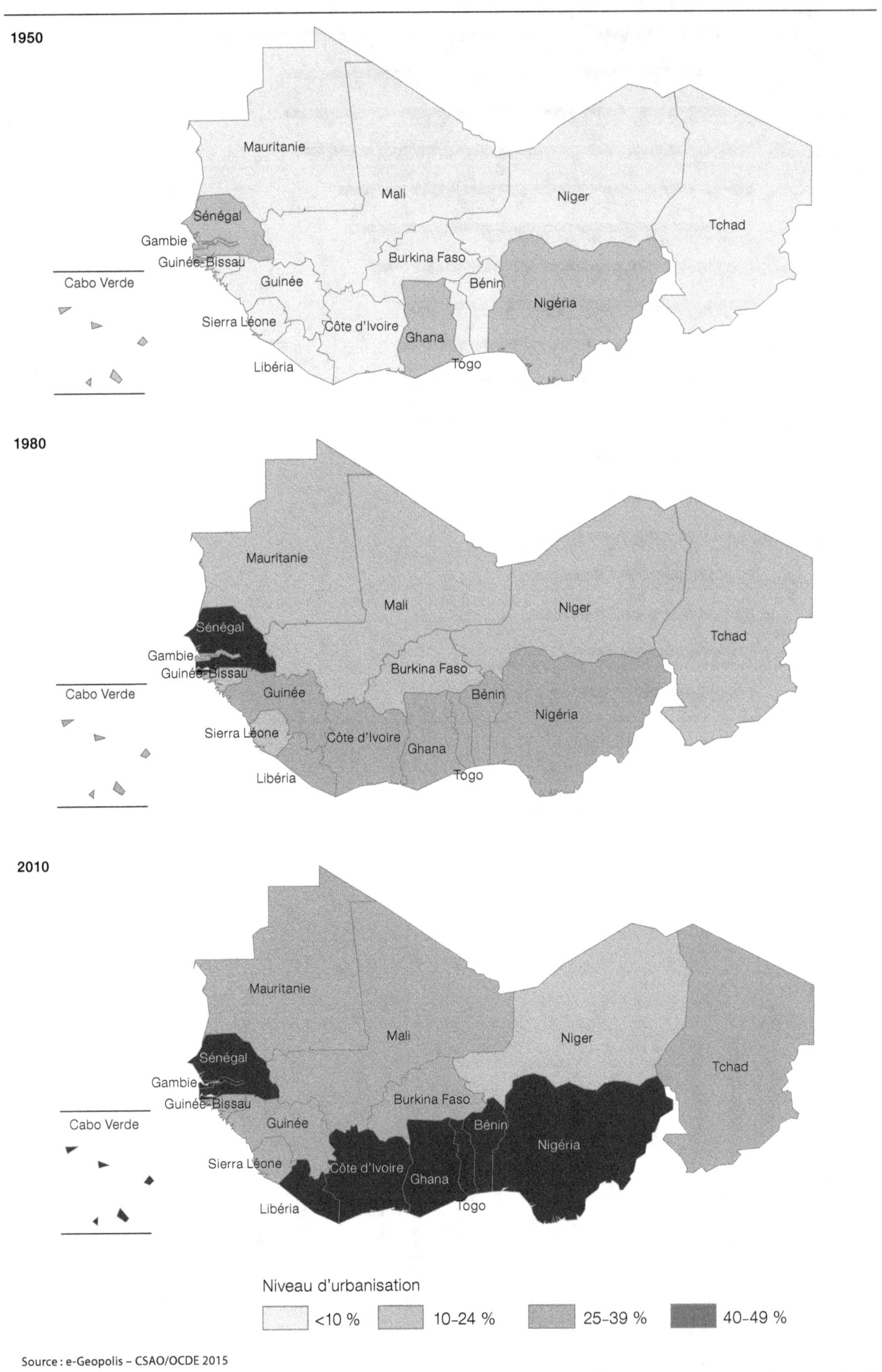

Source : e-Geopolis – CSAO/OCDE 2015

cumulé des inégalités de croissance démographiques et économiques, du développement de quelques métropoles littorales orientées vers l'économie mondiale, des politiques d'encadrement du territoire (effet chef-lieu) mais aussi des modes de peuplement.

2.3 DENSIFICATION ET DIFFUSION GÉNÉRALISÉE DU SEMIS DES VILLES

En 2010, les 133 millions d'urbains ouest-africains vivent dans 1 947 agglomérations d'au moins 10 000 habitants, soit 530 de plus qu'en 2000[1]. En 1970, l'ensemble de la population urbaine de l'Afrique de l'Ouest repose sur 493 agglomérations seulement, ce qui montre l'ampleur de la densification du semis de villes. L'Afrique de l'Ouest compte aujourd'hui 22 métropoles de plus d'un million d'habitants, contre 10 en 2000. Elles concentrent 54 millions d'habitants, soit presque autant que toute la population urbaine de l'Afrique vingt ans plus tôt (56 millions en 1990).

Très centré sur le Golfe de Guinée, et en particulier sur le pays Yoruba au Nigéria au milieu du XXe siècle, le semis des villes ouest-africain s'est densifié et étendu à toute la région (Cartes 2.2 et 2.3), y compris dans le désert du Sahara *stricto sensu*. Malgré une densité générale faible, une vingtaine de villes (Niger, Mali, Mauritanie, Tchad) s'y trouve. Les grands centres qui se cantonnaient près du littoral sont maintenant présents à l'intérieur au niveau des capitales des pays indépendants, et des villes secondaires comme Bobo-Dioulasso (Burkina Faso), Bouaké (Côte d'Ivoire), Touba (Sénégal), Kumasi (Ghana) et les grandes agglomérations du Nigéria. Le nombre de petites agglomérations explose sur l'ensemble du territoire.

Graphique 2.3

Nombre d'agglomérations de plus de 10 000 habitants (1960, 1980, 2010)

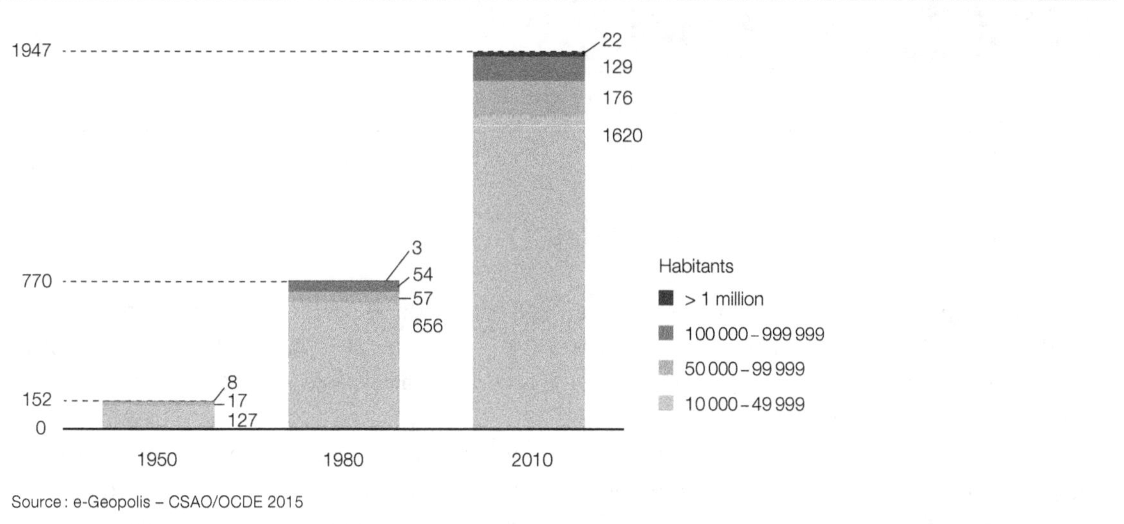

Source : e-Geopolis – CSAO/OCDE 2015

Carte 2.2

Répartition et taille des agglomérations urbaines en 1960

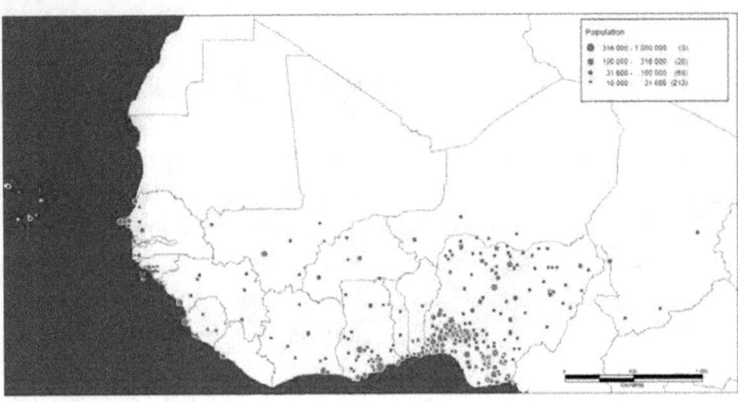

Source : e-Geopolis – CSAO/OCDE 2015

Carte 2.3

Répartition et taille des agglomérations urbaines en 2010

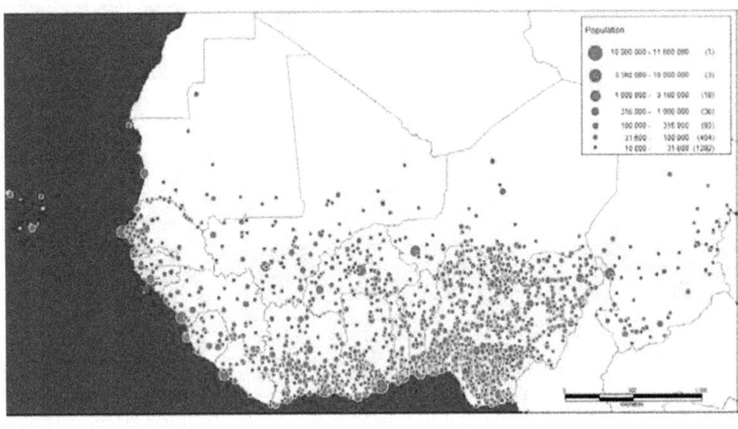

Source : e-Geopolis – CSAO/OCDE 2015

2.4 CORRIDORS URBAIN ET LITTORAL

Dans son rapport sur « L'État des villes dans le monde 2010-2011 : réduire la fracture urbaine », ONU-Habitat souligne le rôle stimulant des « couloirs de développement urbains » sur l'économie locale : secteurs de l'immobilier, mise en valeur des terres et entreprenariat, meilleure interconnexion entre les centres urbains et, impact positif sur la croissance économique régionale. Parmi les couloirs urbains de rang international, proches des corridors industriels de Mumbai-Delhi et Beijing-Tokyo, le rapport désigne « Ibadan-Lagos-Accra », couloir de 600 km, comme moteur de l'économie de l'Afrique de l'Ouest. A une échelle régionale, on peut parler de couloir littoral, ou plutôt de « corridor parallèle au littoral ».

Cette évolution est intéressante, car à l'époque coloniale, une structure en « dents de peigne » caractérisait la circulation en Afrique de l'Ouest. Les voies de pénétration, principaux axes de développement, étaient perpendiculaires au littoral. Le corridor décrit ici représente un renversement historique des échanges économiques et des structures de peuplement. En revanche, si l'on s'inscrit dans une problématique « littorale » au sens strict, Ibadan ne pourrait pas être incluse.

Tableau 2.1
Littoralisation urbaine en 2010

Pays	Part de la population urbaine	Nombre d'agglomérations
Cabo Verde	87 %	2
Gambie	82 %	5
Sénégal	78 %	9
Guinée Bissau	76 %	1
Libéria	75 %	2
Mauritanie	74 %	2
Sierra Leone	56 %	2
Togo	53 %	2
Côte d'Ivoire	47 %	11
Guinée	47 %	2
Ghana	41 %	18
Bénin	36 %	5
Afrique de l'Ouest	25 %	77
Nigéria	17 %	16

Source : e-Geopolis – CSAO/OCDE 2015

La définition de l'urbain est un élément particulièrement important. Ainsi le corridor Ibadan–Lagos–Accra apparaît autant comme un couloir de peuplement que comme un couloir urbain, car formé de zones rurales très denses. En retour, ces fortes densités de population expliquent l'émergence des conurbations sur un substrat dense d'unités de population (villages, bourgs et petites agglomérations) et renforcent le poids futur et le potentiel économique de l'axe.

Urbain ou non, littoral ou non, ce corridor est un élément important de l'organisation régionale. Bien que le nombre de moyennes et petites agglomérations y reste limité, celles-ci représentent 40 % du total des agglomérations situées sur le littoral marin identifiées par e-Geopolis, en Afrique de l'Ouest. Le corridor, qui bénéficie des 2 000 km de route côtière qui relie aujourd'hui Port Harcourt à Abidjan, supporte les deux tiers des échanges régionaux entre les pays de la CEDEAO (CEDEAO/CSAO, 2005). Selon ONU-Habitat, si l'on retient comme critères nécessaires à la formation d'un couloir de développement, la présence d'au moins deux grands centres urbains ainsi que la capacité à attirer des flux de population, biens et services (ONU-Habitat, 2010), seules les difficultés politiques pourraient freiner son extension jusqu'à Abidjan et, dans le futur, au-delà puisque le prolongement de l'axe littoral est prévu jusqu'à Dakar. La présence d'agglomérations secondaires, en particulier Cape Coast et Sekondi-Takoradi, situées le long des 400 km reliant Accra à Abidjan, plus l'émergence de petites agglomérations le long du littoral ivoirien ne peuvent que favoriser cette extension.

La partie Ouest du littoral atlantique africain ne présente pas encore les caractéristiques propres à un corridor de développement. Le littoral n'y constitue pas un axe historique majeur de circulation et les métropoles nationales restent mal reliées entre elles. Les anciennes crises politiques et conflits au Libéria, en Sierra Léone et en Côte d'Ivoire ou encore le conflit casamançais freinent encore les échanges et la circulation des personnes. Il se peut que la situation évolue avec le renouveau dynamique de la Mano River Union (Côte d'Ivoire, Guinée, Libéria, Sierra Léone).

Couloirs urbains non littoraux

En 2008, l'étude Africapolis I souligne que ce sont les axes perpendiculaires aux côtes qui tendent à engendrer une prolifération d'agglomérations : Dakar-Touba, Abidjan-Bouaké, Accra-Kumasi, Lomé-Kara, Cotonou/Porto-Novo/Abomey, Lagos-Ibadan. Il s'agit d'un processus de linéarisation de l'urbanisation lié à la présence de grandes routes Nord-Sud, aux axes historiques tels que Maradi–Katsina–Kano et au rôle des réseaux nord-sud sur les échanges entre zones agro-climatiques différentes. Les organisations internationales reconnaissent aujourd'hui le rôle de ces couloirs de développement non littoraux (ONU-Habitat, 2010). Par exemple, le long des deux corridors reliant Abidjan à Ouagadougou se sont développées certaines des agglomérations secondaires ivoiriennes et burkinabé les plus importantes (Yamoussoukro, Bouaké, Korhogo, Banfora, Bobo-Dioulasso) et de nombreuses petites agglomérations.

2.5 CROISSANCE POLARISÉE ENTRE GRANDES MÉTROPOLES ET PETITES AGGLOMÉRATIONS

Des « mégapoles » de dimensions encore modestes

Longtemps considérée comme sous-urbanisée, l'Afrique de l'Ouest mérite de moins en moins ce qualificatif. Le niveau d'urbanisation s'est significativement élevé et la région compte plusieurs très grandes agglomérations. En 2010, en nombre d'habitants, Lagos arrive au premier rang en Afrique subsaharienne et au 27e rang mondial, juste devant Paris et Londres (Tableau 2.2). Ses 10.6 millions d'habitants restent inférieurs aux effectifs des grandes agglomérations asiatiques. De même en termes de superficie, Lagos reste une « petite » mégapole, 2.5 fois plus petite que Londres ou Paris… mais aussi 2.5 fois plus dense.

D'une part, l'accélération de la croissance de la population visible dans les recensements de 2009 (Mali) et 2012 (Niger) influence les taux de croissance urbaine. D'autre part, le mode de croissance des métropoles explique en partie l'augmentation de leurs tailles. L'analyse des images satellites récentes met en évidence l'étalement spatial d'agglomérations comme Cotonou, Nouakchott ou Ouagadougou. A une échelle locale, cet étalement est le contraire d'une concentration puisqu'il montre une direction centrifuge. A l'échelle nationale il s'illustre par la formation de vastes régions métropolitaines en cours d'agglomération (Accra, Abidjan, Banjul, Dakar) puis de conurbations. Les taux de croissance d'Onitsha sont les plus représentatifs : le taux d'accroissement de la ville (de l'ordre de 3 % par an) se combine à l'ajout à l'agglomération centrale de nouvelles extensions : villages périphériques ou fusion avec des agglomérations urbaines initialement distinctes.

La sélection des agglomérations du Tableau 2.3 ne suit pas une approche par la taille démographique absolue, mais relative à un système urbain. Le poids des capitales nationales dans la population urbaine totale reflète l'envolée d'une strate métropolitaine spécifique par rapport à l'urbanisation « normale » du territoire (Graphique 2.4). Ce phénomène non spécifique à l'Afrique traduit une centralisation des systèmes urbains (en Europe : France, Irlande, Grèce ; en Asie : Thaïlande, Philippines ; ou en Amérique Latine : Argentine, Chili, Guatemala) (Moriconi-Ebrard, 1993). Hormis au Nigéria, les métropoles nationales rassemblent au moins le tiers voire les trois-quarts de la population urbaine totale.

Avec 458 000 habitants, Bissau est la métropole incontestée concentrant trois-quarts de la population urbaine nationale. La deuxième agglomération Gabú, ne compte que 61 000 habitants. En revanche, avec une taille similaire, Abeokuta au Nigéria, (460 000 habitants) ne figure pas dans le tableau des métropoles nationales. Quarante-deuxième ville du Nigéria, elle représente une

Tableau 2.2

Agglomérations de plus de 10 millions d'habitants dans le monde (2010)

Rang	Agglomération	Pays	Population (millions)	Superficie urbanisée (km²)	Densité (hab/km²)	Année dernières sources
1	Shanghai	Chine	94.5	22 600	4 200	2010
2	Shenzhen	Chine	44.4	5 300	8 400	2010
3	Tokyo	Japon	39.8	4 200	9 500	2010
4	New York	États-Unis	27.8	20 400	1 400	2010
5	Delhi	Inde	23.3	1 400	16 600	2011
6	Jakarta	Indonésie	22.6	2 200	10 300	2010
7	Séoul	Corée	20.5	1 200	17 100	2010
8	Manille	Philippines	20.1	1 100	18 300	2010
9	Karachi	Pakistan	19.6	800	24 500	2010
10	São Paulo	Brésil	18.9	2 000	9 500	2010
11	Mexico	Mexique	18.1	1 700	10 600	2010
12	Cochin	Inde	18.0	9 000	2 000	2011
13	Calcutta	Inde	17.2	1 900	9 100	2011
14	Pékin	Chine	16.7	2 400	7 000	2010
15	Bombay	Inde	16.5	470	35 100	2011
16	Le Caire	Égypte	15.7	1 300	12 100	2006
17	Dhaka	Bangladesh	15.7	1 100	14 300	2011
18	Los Angeles	États-Unis	15.4	7 100	2 200	2010
19	Osaka	Japon	14.5	2 900	5 000	2010
20	Bangkok	Thaïlande	14.2	3 200	4 400	2010
21	Moscou	Russie	14.0	1 900	7 400	2010
22	Ho Chin Minh Ville	Vietnam	13.8	3 000	4 600	2009
23	Istanbul	Turquie	13.5	1 100	12 300	2011
24	Téhéran	Iran	12.1	1 900	6 400	2011
25	Rio de Janeiro	Brésil	11.4	1 600	7 100	2010
26	Buenos Aires	Argentine	11.2	2 500	4 500	2010
27	Lagos	Nigéria	10.6	860	12 300	2006
28	Paris	France	10.5	1 900	5 500	2009
29	Londres	Royaume-Uni	10.2	2 200	4 600	2011
30	Lahore	Pakistan	10.0	370	27 000	1998

Source : e-Geopolis 2013

Tableau 2.3
Taille des métropoles nationales et taux de croissance

Pays – métropole	2010	2000	1990	1980	Croissance 2000-10	Croissance 1980-2010
Nigéria – Lagos	**10 590 000**	7 178 000	4 865 000	2 690 000	4.0	4.7
Nigéria – Onitsha	**6 280 000**	1 450 000	620 000	392 000	15.8	9.7
Côte d'Ivoire – Abidjan[1]	**3 967 000**	3 043 326	2 107 460	1 251 272	2.7	3.9
Ghana – Accra	**3 630 000**	2 015 649	1 185 614	854 659	6.1	4.9
Nigéria – Kano	**3 150 000**	2 032 000	1 311 000	715 000	4.5	5.1
Sénégal – Dakar	**2 562 152**	1 964 179	1 586 138	967 051	2.7	3.3
Mali – Bamako	**2 270 000**	1 234 696	747 828	494 032	6.3	5.2
Burkina Faso – Ouagadougou	**1 908 000**	965 521	548 326	264 680	7.0	6.8
Togo – Lome[2]	**1 449 000**	917 378	609 223	405 512	4.7	4.3
Guinée – Conakry[1]	**1 409 000**	1 161 551	895 821	589 594	2.0	2.9
Libéria – Monrovia	**1 170 000**	745 539	541 268	367 152	4.6	3.9
Niger – Niamey	**1 170 000**	660 907	427 810	260 227	5.9	5.1
Bénin – Cotonou	**1 159 000**	845 680	529 599	344 021	3.2	4.1
Tchad – N'Djamena[3]	**1 006 000**	694 435	459 829	284 685	3.8	4.3
Sierra Leone – Freetown	**929 000**	763 323	529 941	315 255	2.0	3.7
Mauritanie – Nouakchott	**744 000**	558 195	416 956	184 139	2.9	4.8
Gambie – Serrekunda	**603 000**	395 969	206 399	84 322	4.3	6.8
Guinée Bissau – Bissau	**458 000**	298 818	182 832	115 636	4.4	4.7
Cabo Verde – Praia	**130 271**	96 734	61 644	38 125	3.0	4.2

[1] Projections 2010 basées sur des données antérieures à 2000

[2] L'agglomération de Lomé déborde au Ghana (Aflao), non comptabilisée dans ce tableau

[3] N'Djamena est agglomérée à Kousséri (Cameroun), à laquelle elle est reliée par un pont sur le fleuve Chari et dont la population n'est pas ici comptabilisée

Source : e-Geopolis – CSAO/OCDE 2015

agglomération de taille normale à l'échelle du pays. Des agglomérations encore plus petites, situées dans des zones très rurales, isolées dans le désert, ou centres de milieux géographiques naturels très particuliers ou encore capitales de groupes socio-linguistiques et religieux peuvent apparaître comme de véritables « métropoles ». Les métropoles nationales résultent d'une centralisation, processus politique prévalant dans la plupart des pays d'Afrique de l'Ouest, parfois avant l'indépendance.

Se référer à l'échelle nationale pour appréhender le réseau urbain s'explique, notamment en raison de la circulation d'une monnaie unifiée[2], du contrôle des frontières, de la structure nationale des systèmes de communication (abonnements et cartes de téléphone). La centralisation se développe au sein de l'hinterland

Graphique 2.4

Part de la population métropolitaine dans la population urbaine (en %, 2010)

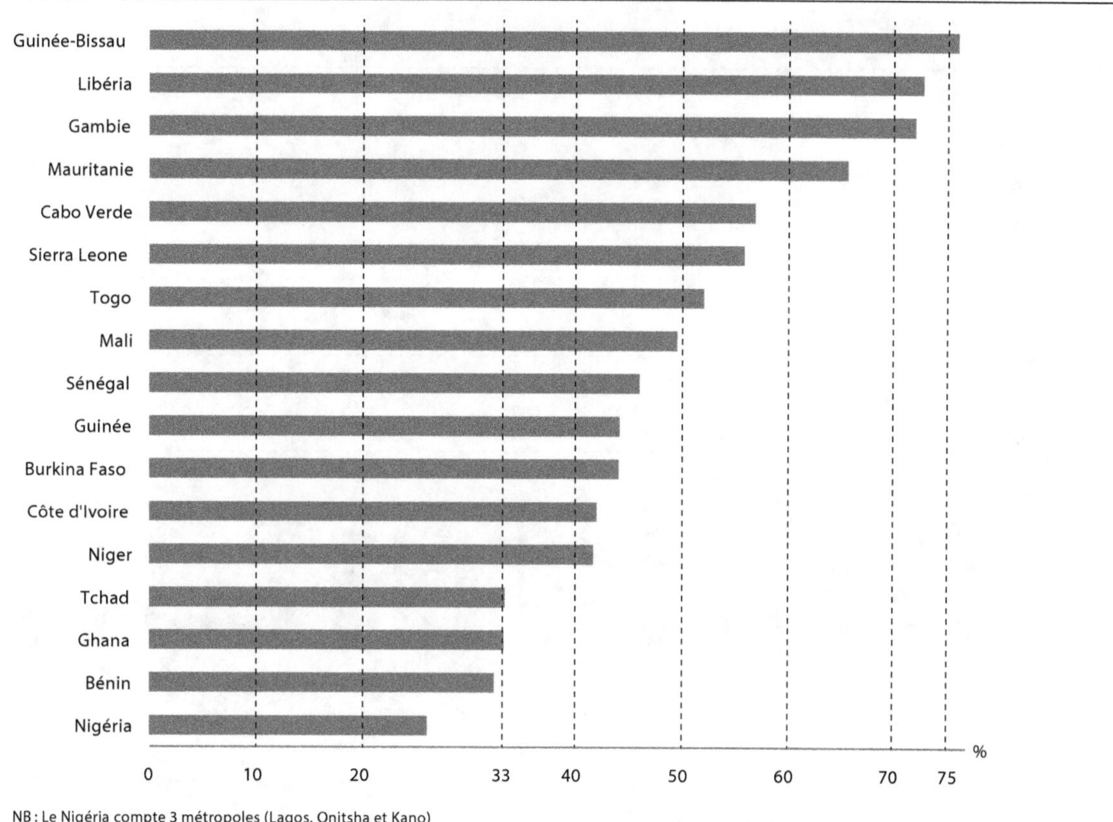

NB : Le Nigéria compte 3 métropoles (Lagos, Onitsha et Kano)
Source : e-Geopolis – CSAO/OCDE 2015

stable du territoire national, tandis que les territoires des subdivisions intérieures ont des limites plus labiles. Ces conditions participent du « système urbain » national.

La centralisation s'est traduite par une agglomération qui concentre les équipements de pointe, les emplois les plus qualifiés, les instances de décision politique, financière et médiatique. Elle devient la plateforme d'échanges entre un hinterland plus ou moins captif, et les échanges internationaux dont l'intensité et la valeur vont croissant dans un monde globalisé et libéralisé. Dans quelques cas particuliers, deux ou trois métropoles nationales, voire davantage sont présentes. C'est le cas des grands pays et/ou des États dont la structure est fédérale. Ainsi, les trois métropoles du Nigéria témoignent de la cohabitation des trois bassins de peuplement d'avant l'indépendance : la Colonie centrée sur le pays Yoruba avec Ibadan, puis Lagos ; les territoires de l'Est, intégrés plus tard à la Colonie et centrés sur le delta du Niger avec Onitsha ; le Protectorat du Nord, centré sur Kano (considérée désormais comme « agglomération normale »).

En Haute-Volta, Bobo-Dioulasso, véritable « port » du territoire lorsque terminus du chemin de fer venant d'Abidjan, avait une population supérieure à Ouagadougou. Après l'indépendance, elle décroche face à la capitale, aujourd'hui trois fois plus peuplée. Au Cap-Vert, deux métropoles sont en concurrence, Praia et Mindelo, même si au fil des décennies, la capitale prend le pas sur Mindelo.

Des primaties nationales très élevées

L'indice de primatie décrit l'ampleur de l'écart entre l'agglomération la plus peuplée et la suivante. Suivant la loi rang-taille de Zipf, la plus grande agglomération devrait être deux fois plus peuplée que la seconde. Loin de ce modèle, l'Afrique de l'Ouest se caractérise par des indices de primatie très élevés, qui augmentent dans la plupart des pays sauf au Ghana, au Nigéria, au Sénégal et en Sierra Léone.

Graphique 2.5
Évolution des indices de primatie de 1980 à 2010

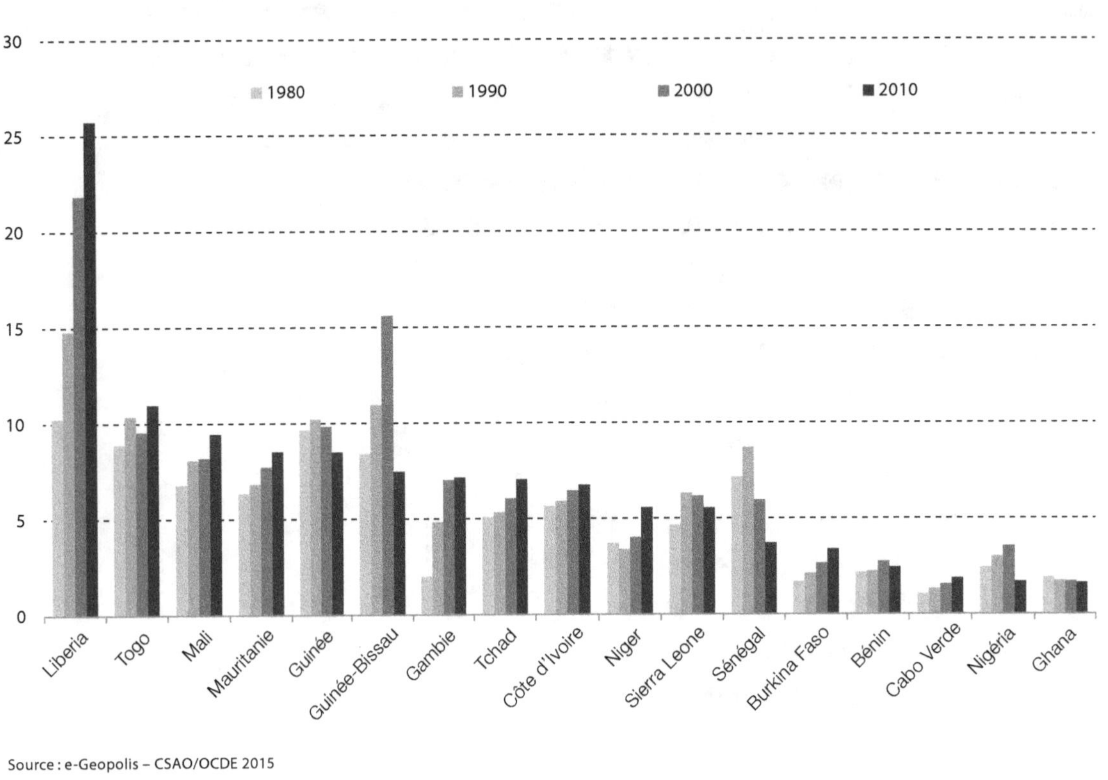

Source : e-Geopolis – CSAO/OCDE 2015

L'indice de primatie atteint 26 au Libéria et 8 en Gambie. Les métropoles y rassemblent près des trois quarts de la population urbaine. Au Mali et au Togo, l'augmentation de la primatie est continue, proche de 10 en 2010 (Graphique 2.5).

La faible primatie du Burkina Faso et du Cap-Vert, où coexistent deux métropoles historiques, ne doit pas faire illusion. La plus grande discontinuité dans la distribution s'illustre entre les villes de rang 2 et de rang 3. Bobo-Dioulasso n'est, « que » 3.4 fois moins peuplée que la capitale mais six fois plus peuplée que la troisième agglomération, Koudougou. Au Cap-Vert, Mindelo deux fois moins peuplée que Praia, l'est quatre fois plus qu'Espargos. Les trois seuls pays où la primatie est réellement modérée sont le Nigéria, le Ghana et le Bénin.

Stabilité des métropoles et instabilité des villes secondaires

L'indice de primatie ne dépend pas seulement de la croissance et de la taille initiale des métropoles nationales, mais aussi de la dynamique des autres grandes agglomérations. Dans de nombreux pays, le deuxième rang est tenu par la même agglomération au cours du temps : Bouaké en Côte d'Ivoire, Kumasi au Ghana, Porto-Novo au Bénin, Zinder au Niger[3] et Bobo-Dioulasso (Burkina Faso), ancienne première agglomération jusqu'en 1950. Ces centres urbains conservent un rôle économique ou politique majeur à l'échelle nationale. Partout ailleurs, le creusement de la primatie s'explique par l'instabilité de la strate des villes secondaires.

- Au Mali, quatre agglomérations tiennent successivement le second rang depuis 1950 : Kayes en 1950 et 1960, Mopti en 1970, Ségou en 1980 et 1990, puis Sikasso à partir de 2000 (Graphique 2.6) ;
- Au Sénégal, Saint-Louis en 1950, Kaolack en 1960, Thiès de 1970 à 1990, puis Touba depuis 2000 ;
- En Guinée, Kankan (1950–1990), Nzérékoré (2000) avec un volume de population avoisinant et Guéckédou (2010) ;
- Au Tchad, le deuxième rang oscille entre Moundou (1950 puis de 1990 à 2010) et Sarh

Graphique 2.6
Distribution rang–taille au Mali

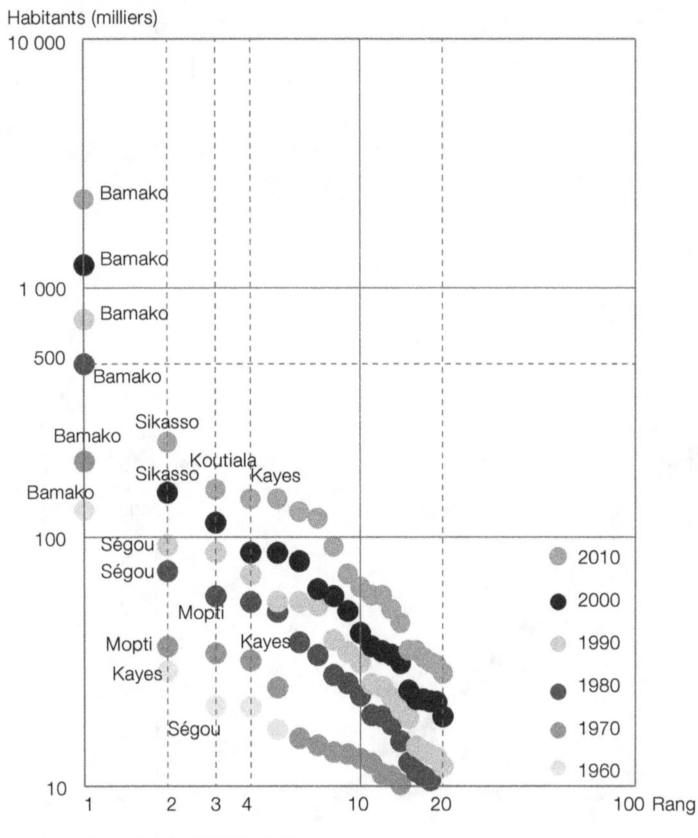

Source : e-Geopolis – CSAO/OCDE 2015

(de 1960 à 1980), suivi de près par Abéché au troisième rang en 2010 ;

- Au Nigéria, l'instabilité des villes secondaires est également marquée avec Lagos en 1950, Ibadan de 1960 à 1990, Kano en 2000 puis Onitsha en 2010 ;
- En Sierra Léone, deux agglomérations forment la strate instable des agglomérations secondaires : Bo (1950 et 1960), Koidu (1970–1990), puis à nouveau Bo ;
- En Mauritanie, l'instabilité des villes secondaires est moins marquée puisque Nouadhibou remplace Kaédi dès 1980. La ville maintient son rang de seconde agglomération depuis lors ;
- La Gambie partage avec le Sultanat d'Oman une situation unique à l'échelle du monde : celle du déclassement hiérarchique spectaculaire de sa capitale, Banjul. Ceci s'explique par la situation enclavée de la ville, dont le territoire est saturé. La première agglomération du pays, Serrekunda est une projection spatiale de la capitale Banjul. Fonctionnellement, Serrekunda est formée d'un ensemble de banlieues détachées de la ville-centre. Ainsi, l'augmentation de la primatie s'explique aussi bien par la croissance de la capitale que par la faiblesse des agglomérations secondaires.

Graphique 2.7
Distribution « rang-taille » des agglomérations urbaines, 1950–2010

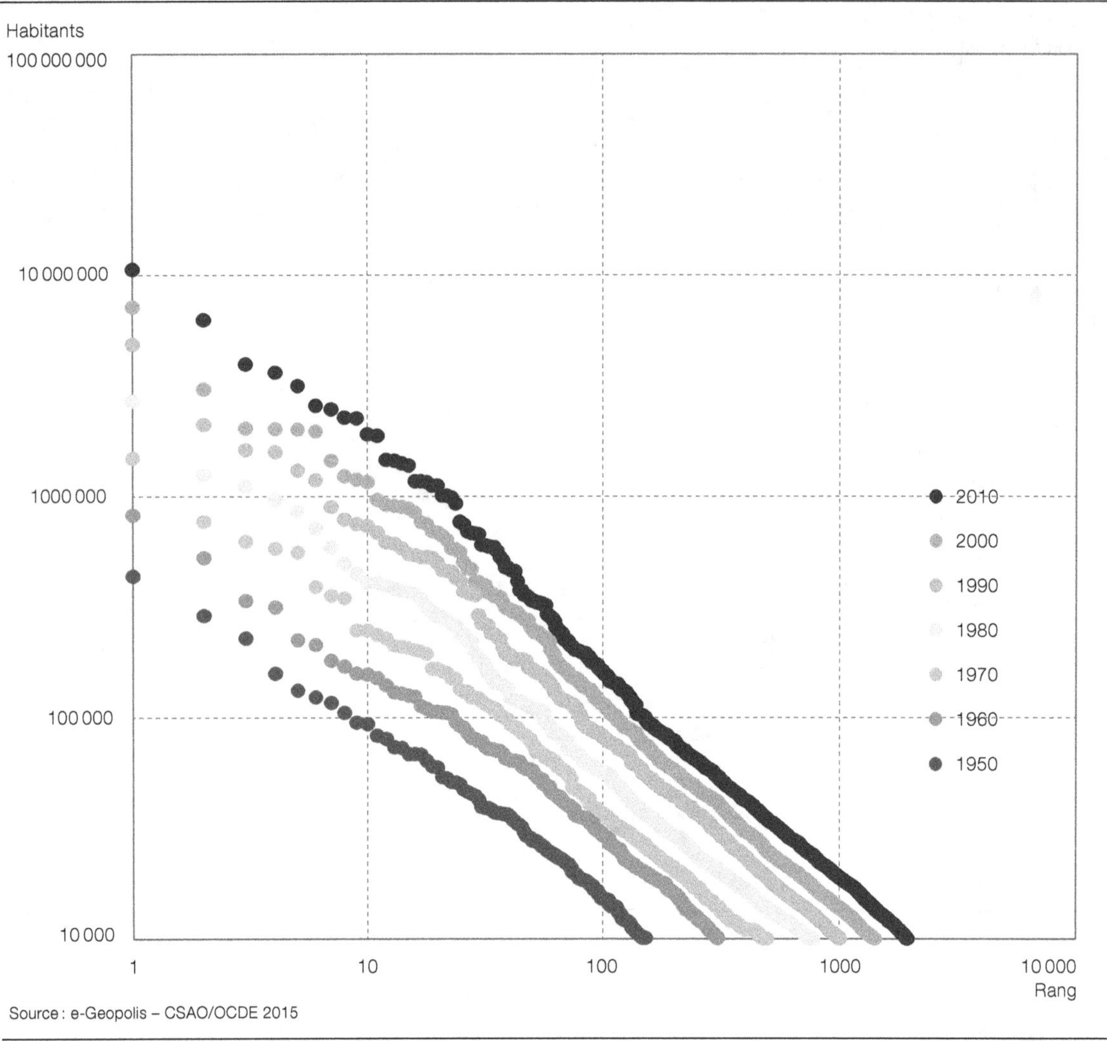

Source : e-Geopolis – CSAO/OCDE 2015

2.6 UN SYSTÈME « OUEST-AFRICAIN » ?

Distribution rang-taille des agglomérations de l'Afrique de l'Ouest

La distribution dite « rang-taille » de l'ensemble des agglomérations ne cesse de se hiérarchiser. La pente ajustée de la distribution, ou indice de hiérarchie, passe de –0.787 en 1950 à –0.940 en 2010 (Graphique 2.7 et Tableau 2.4). Néanmoins, elle n'atteint pas –1, illustrant un déficit en très grandes agglomérations en 2010. La grande métropole de la région est incontestablement Lagos qui, selon le modèle rang-taille, s'ajusterait parfaitement sur la droite de régression avec 12.4 millions d'habitants[4], et qui n'en est pas loin avec ses 10.6 millions d'habitants.

Cependant, la concavité du haut de la distribution trahit la surreprésentation des grandes agglomérations, qui correspondent aux capitales politiques des États de la région. Le système urbain régional reste donc encore faiblement intégré. (Graphique 2.7).

Faiblesse marquée des agglomérations de taille intermédiaire

La notion d'« intégration » et d'« équilibre » d'une distribution statistique des villes est toutefois paradoxale puisqu'elle se réfère à un système dans lequel les objets considérés ont des tailles inégales.

En Afrique de l'Ouest, celles-ci varient de 10 000 à 10.6 millions en 2010, soit une proportion de 1 à 1 000. Cette notion d'équilibre se réfère donc non pas à une « égalité » entre

Tableau 2.4

Paramètres des régressions linéaires (méthode des moindres carrés)

Année	Population urbaine	Taille de la ville rang 1	Nb. d'agglo. urbaines	Paramètres d'ajustement	Coefficient de détermination
2010	132 802	10 590	1 947	y = -0.940 x + 7.094	R2 = 0.996
2000	84 512	7 178	1 417	y = -0.936 x + 6.941	R2 = 0.970
1990	56 458	4 865	1 004	y = -0.931 x + 6.794	R2 = 0.998
1980	34 733	2 690	770	y = -0.881 x + 6.515	R2 = 0.996
1970	20 181	1 487	493	y = -0.876 x + 6.333	R2 = 0.996
1960	11 977	822	305	y = -0.816 x + 6.078	R2 = 0.988
1950	5 338	436	152	y = -0.787 x + 5.764	R2 = 0.989

Source : e-Geopolis – CSAO/OCDE 2015

Tableau 2.5

Classe de taille et nombre d'agglomérations en 2010

Classe	Classe (en habitants)	Nombre d'agglomérations
1	10 000 à 31 622	1 384
2	31 623 à 99 999	404
3	100 000 à 316 227	93
4	316 228 à 999 999	36
5	1 000 000 à 3 162 277	18
6	3 162 278 à 9 999 999	3
7	10 000 000 à 31 622 777	1

Source : e-Geopolis – CSAO/OCDE 2015

les objets, mais à une distribution gausso-parétienne : suivant les lois de Pareto, à l'échelle mondiale, on trouve très peu de très grandes villes et beaucoup de petites.

Afin de comparer les effectifs de population en fonction de la taille des agglomérations, il est nécessaire de répartir ces dernières dans des catégories de fréquence équivalente. Dans le cas contraire, les classes de taille ne seraient pas directement comparables. Par exemple, si la fréquence est $\sqrt{10}$, la distribution se répartit en sept classes dont les bornes ont l'avantage de faire ressortir les chiffres ronds : 10 000, 100 000, 1 million et 10 millions (Tableau 2.5). Suivant cette représentation, en 2010, deux classes d'agglomérations sont surreprésentées : les plus petites agglomérations (de 10 000 à 31 622 habitants), qui émergent à peine du monde rural ; celles de 1 à 3.16 millions d'habitants, constituées pour moitié de capitales nationales (Graphique 2.8).

L'étude Africapolis I met en évidence une discontinuité[5] qui prend la forme d'un « manque » relatif d'agglomérations secondaires – approximativement de 100 000 à 1 million d'habitants (classes 3 et 4). Ce résultat est conforté par l'actualisation des données en 2010 (Graphique 2.8). Un contraste net oppose les grandes agglomérations, à l'interface entre

Graphique 2.8

Répartition des habitants urbains par classe de taille des agglomérations, 2010

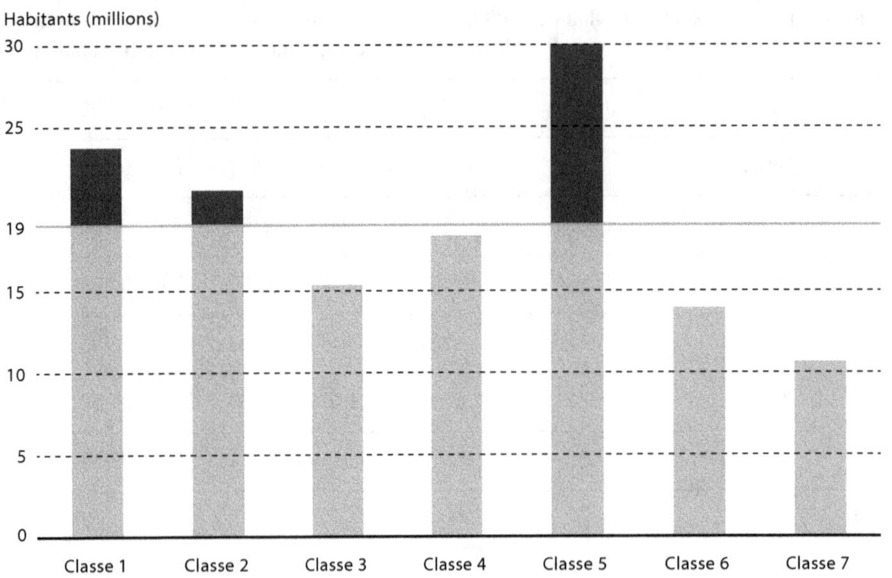

Note: Voir le tableau 2.5 pour la définition des classes

Source : e-Geopolis – CSAO/OCDE 2015

économies globale et locale, et les gros bourgs qui dépassent à peine le seuil de l'urbain, et dont la qualité « urbaine » est discutable et non systématiquement reconnue par les statistiques officielles. Ce double mouvement fait apparaître une relative faiblesse des centres urbains secondaires. Ainsi, les agglomérations de taille moyenne (classe 3), sont donc relativement sous-représentées.

Les petites agglomérations

En l'absence de normes concernant la taille de cette catégorie d'agglomérations, les agglomérations de moins de 100 000 habitants sont retenues. L'identification des villes de cette strate, qui n'apparaissent dans aucune base de données internationale constitue une avancée majeure de e-Geopolis. Au plus bas de la hiérarchie urbaine, le rythme d'émergence des agglomérations urbaines reste soutenu : depuis 2000, 565 agglomérations dépassent le seuil de 10 000 habitants.

Sur cette base, la population des petites et moyennes agglomérations est estimée à 44.8 millions de personnes en 2010, dont la moitié au Nigéria (24.4 millions). Au niveau régional, elle représente 34 % de la population urbaine. Historiquement, les centres urbains sont, pour la plupart, issus des fonctions administratives assignées au fur et à mesure du resserrement du maillage territorial et, plus récemment, de la communalisation des territoires. Les petites et moyennes agglomérations continuent de jouer un rôle clé au sein des systèmes urbains nationaux, représentant au moins un tiers de la population urbaine dans de nombreux pays (Tableau 2.6). Elle en rassemble 55 % au Tchad.

Tableau 2.6

Les agglomérations de 10 000 à 99 999 habitants en 2010

Pays	Part dans la population urbaine	Nombre d'agglo-mérations	Population millions	Taille moyenne	Taille médiane
Tchad	55 %	71	1.67	23 500	19 500
Bénin	43 %	77	1.55	20 100	15 400
Burkina Faso	43 %	80	1.86	23 300	17 600
Cabo Verde	43 %	3	0.1	33 300	17 100
Togo	43 %	52	1.21	23 300	17 300
Niger	40 %	47	1.12	23 800	17 100
Côte d'Ivoire	39 %	157	3.74	23 800	18 200
Guinée	37 %	34	1.17	34 400	25 900
Ghana	35 %	165	3.8	23 000	16 700
Mauritanie	34 %	15	0.39	26 000	16 300
Afrique de l'Ouest	34 %	1 796	44.8	24 900	18 200
Nigéria	32 %	930	24.41	26 400	19 400
Mali	30 %	64	1.4	21 900	15 200
Gambie	28 %	9	0.24	26 700	20 100
Libéria	26 %	22	0.42	19 100	15 000
Sierra Leone	26 %	16	0.43	26 900	17 700
Guinée Bissau	24 %	5	0.14	28 000	13 400
Sénégal	21 %	49	1.18	24 100	17 300

Source : e-Geopolis – CSAO/OCDE 2015

NOTES

1 *En réalité, ce sont 565 nouvelles agglomérations qui franchissent le seuil des 10 000 habitants, si l'on considère que 35 agglomérations sont absorbées dans une conurbation.*

2 *9 pays partageant une monnaie commune.*

3 *Selon les projections, Zinder devrait être dépassée par Maradi vers 2020–30.*

4 *Dans l'équation : y = –0.940 x + 7.094, lorsque x s'annule, y = 7.094, soit log (12416523). 12 416 523 est la population prédite par la loi de Zipf, si le système urbain ouest-africain était parfaitement intégré.*

5 *L'analyse de la discontinuité des réseaux urbains s'appuie sur le modèle « rang-taille », tiré de la loi de Zipf (1949). Il est utilisé en géographie urbaine comme un descripteur de l'organisation hiérarchique d'un système de villes interdépendantes, à l'échelle d'un pays, d'une région ou d'un ensemble de pays.*

Bibliographie

CEDEAO/OCDE (2005), *Atlas régional des transports et des télécommunications dans la CEDEAO*, Paris.

Moriconi-Ebrard, F. (1993), *L'urbanisation du Monde depuis 1950*, Collection Villes, Éditions Anthropos-Economica, Paris.

Moriconi-Ebrard, F. (1996), "Explosion démographique, le sens de la démesure", *Le Monde diplomatique*, Paris, juillet, www.monde-diplomatique.fr/1996/07/MORICONI_EBRARD/5633.

UN-Habitat (2010), *L'état des villes africaines 2010 : Gouvernance, inégalités, et marchés fonciers urbains*, Programme des Nations Unies pour les établissements humains, Nairobi.

Zipf, G. K. (1941), *National Unity and Disunity, The Nation as a Bio-Social Organism*, Bloomington The Principia Press, Bloomington, Indiana.

Chapitre 3

Morphologies et nouvelles formes urbaines en Afrique de l'Ouest

Les processus morphologiques qui accompagnent la forte progression de l'urbanisation restent peu explicités et mesurés à l'échelle micro-géographique, mis à part dans le cas de quelques métropoles[1]. Ils éclaireraient pourtant des dynamiques d'urbanisation complexes.

En premier lieu, les processus morphologiques d'expansion des agglomérations découlent des formes prises par la densification rurale observée depuis un demi-siècle et résultant de la pression démographique. Deux mouvements sont observés en Afrique de l'Ouest :

- Les foyers anciens de peuplement qui privilégient les dynamiques d'urbanisation *insitu* ;
- Les foyers récents qui privilégient la formation de grandes agglomérations dans des zones rurales initialement peu denses.

Puis, différents processus de croissance urbaine sont identifiés. Ils permettent de partir des unités de population les plus petites disponibles (villages, communes urbaines, localités, quartiers). Il s'agit :

- De l'étalement des régions métropolitaines ;
- De la forte expansion des villes secondaires où la trame viaire actuelle résulte d'un étalement peu régulé ;
- De la formation d'agglomérations urbaines par coalescence de villages (exemple du Bénin) ;
- Des formes méta-urbaines des conurbations du Nigéria.

3.1 CONTEXTE DÉMOGRAPHIQUE

La croissance démographique joue un rôle aussi essentiel que les migrations nationales ou internationales pour expliquer l'évolution de la taille des agglomérations ainsi que l'urbanisation *insitu* de long terme. Les évolutions urbaines se sont produites dans un contexte de forte progression démographique. La population totale des 17 pays passe de 62 millions d'habitants en 1950 à 323 millions en 2010, une croissance annuelle moyenne de 2.8 % sur les 60 années. La Côte d'Ivoire, le Niger, la Gambie, le Togo et le Sénégal enregistrent une croissance annuelle moyenne égale ou supérieure à 3 % entre 1950 et 2010 (Tableau 3.1). Elle devrait atteindre 490 millions d'habitants en 2030 selon les projections e-Geopolis avec une densité moyenne de près de 150 habitants au km^2 en 2030 dans la partie non désertique de l'Afrique de l'Ouest (3.3 millions de km^2). La région ne peut plus être considérée comme sous-peuplée.

Cette croissance démographique, l'une des plus fortes au monde, connaît une moyenne annuelle de 3.2 % sur la décennie 2000–10. Par rapport à 1990–2000, seuls la Côte d'Ivoire, le Cap-Vert, le Sénégal, la Guinée-Bissau et la Gambie enregistrent un recul de leur croissance moyenne annuelle. Parmi les pays à forte croissance démographique continue, le Niger affiche le taux moyen annuel le plus élevé, 3.9 % entre 2000 et 2010, suivi du Burkina Faso (3.7 %) et du Tchad (3.7 %) (Tableau 3.1).

L'influence de la pression démographique est primordiale sur les processus d'urbanisation en raison de :

- La croissance des grandes métropoles qui est très largement tirée par leur accroissement naturel ;
- La croissance urbaine la plus forte qui se produit dans les zones les plus densément peuplées.

D'une part, la densification rurale généralisée résultant de la pression démographique contribue au fort mouvement d'expansion

Tableau 3.1

Taux annuels moyens d'accroissement démographique

	2000–10	1990–2000	1950–2010
Niger	3.9	3.4	3.3
Burkina Faso	3.7	2.6	2.9
Tchad	3.7	3.6	2.8
Mali	3.6	2.6	2.5
Sierra Leone	3.5	0.8	1.9
Bénin	3.5	3.2	3.0
Nigéria	3.4	3.2	2.8
Afrique de l'Ouest	3.2	3.0	2.8
Gambie	3.2	3.2	3.1
Togo	3.0	2.8	3.0
Ghana	2.8	2.6	2.5
Guinée Bissau	2.6	2.7	1.9
Sénégal	2.4	2.7	3.0
Mauritanie	2.3	2.5	2.2
Guinée	2.3	1.9	2.5
Côte d'Ivoire	2.2	3.2	3.6
Libéria	2.1	2.1	2.5
Cabo Verde	1.2	2.1	2.0

Source : e-Geopolis 2013

spatiale des agglomérations secondaires ; d'autre part, elle constitue le substrat de foyers d'urbanisation récents où se façonnent les formes complexes et inédites de l'urbanisation *insitu* (voir section sur les coalescences de village et les conurbations). C'est le cas des grands foyers de population (Nigéria, Ghana, Gambie) mais également des régions intérieures de la zone sahélienne et soudanaise où le peuplement s'est renforcé (fleuve Niger au Mali et au Niger, en raison du développement de l'agriculture irriguée).

Dans l'ensemble ouest-africain, la croissance moyenne annuelle de la population dite rurale – c'est-à-dire non agglomérée calculée en soustrayant la population des agglomérations urbaines de la population totale – est soutenue, à 1.9 % entre 1950 et 2010. La population rurale passe de 57 millions de personnes en 1950 à 176 en 2010. Elle devrait continuer de s'accroître d'ici 2030 en dépit d'un ralentissement projeté de la croissance de la population rurale. Un quart de ces ruraux serait nigérian.

Carte 3.1
Densités rurales en Afrique de l'Ouest estimées

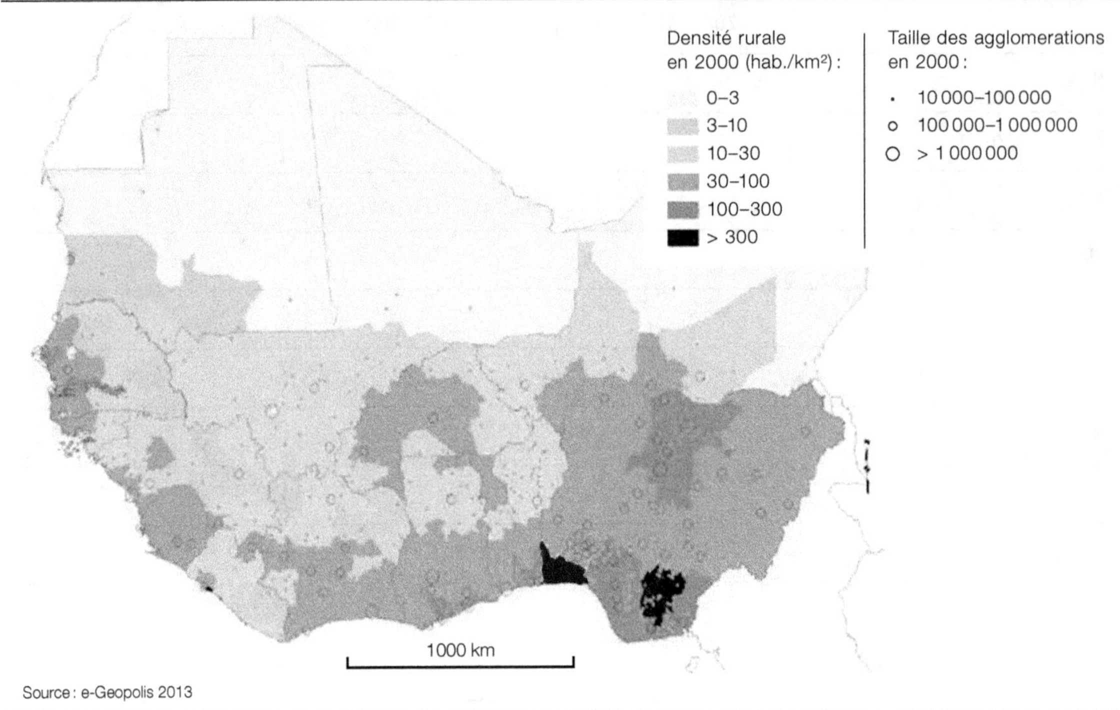

Source : e-Geopolis 2013

3.2 VERS LA FORMATION DE RÉGIONS MÉTROPOLITAINES

La taille des métropoles et la mesure de la primatie n'expliquent pas véritablement le rôle de certains ensembles métropolitains dans les processus d'urbanisation. Au Libéria, en Guinée, au Burkina Faso, au Tchad, au Niger et en Mauritanie, la métropole est une agglomération entourée de secteurs ruraux peu denses. En Mauritanie et au Niger, Nouakchott et Niamey s'étendent dans des milieux désertiques. Cependant, dans les autres pays, les métropoles s'étalent sur des périphéries denses où se trouvent parfois des agglomérations satellites. Des processus de conurbation sont en cours, combinant absorption de localités périphériques et fort mitage (ruptures de densité)[2]. C'est le cas au Sénégal, au Bénin, en Côte d'Ivoire, au Mali, en Gambie et au Nigéria (Tableau 3.2).

Dans certains pays développés, une définition permet de saisir de tels ensembles, englobant centre, banlieues et espaces périurbains sous le nom d'aires métropolitaines (États-Unis) ou d'aires urbaines (France). Cette définition n'existe pas encore en Afrique, faute de données statistiques suffisantes. En effet, une aire métropolitaine est définie à partir des flux. Or il n'existe pas de statistiques sur la mobilité.

Les agglomérations « satellites » sont souvent trop petites pour changer radicalement la taille des métropoles (à Abidjan et Lagos, elles rajoutent à peine 5 % de population à l'agglomération centrale). Toutefois, dans certains pays les processus spatiaux d'étalement[3] produisent une urbanisation par « saut/plateau » ; les absorptions[4] et coalescences[5] pouvant faire progresser rapidement la taille des métropoles - voire le niveau d'urbanisation. Cela s'observe dans les zones de forte densité d'Afrique orientale et centrale. Le Nigéria, le Ghana et le Bénin en sont des exemples.

Au Ghana, l'agglomération d'Accra a déjà fusionné avec Tema New-Town dont la population s'élèvait à 40 000 habitants en 1990. Elle se projette au nord le long de la route de Kumasi dans des agglomérations de forme linéaire encore distinctes (Aburi, Akropong) mais, qui ne tarderont pas à être absorbées (Carte 3.2).

Au Bénin, Cotonou et Porto-Novo (deuxième agglomération du pays et distante de moins

Tableau 3.2

Aperçu de l'expansion spatiale des régions métropolitaines

	Composition des régions métropolitaines en formation
Sénégal	Dakar, Bargny, + trois petites agglomérations vers Thiès + développement linéaire le long de la route vers Yenne Guedji et Mbour. L'expansion de l'agglomération de Dakar au-delà de ses limites vers le nord et le sud doit être envisagée dans le contexte du développement du «corridor de développement» Dakar-Touba, un des exemples les plus frappants de linéarisation des réseaux urbains ouest-africains.
Bénin	Cotonou et Porto-Novo. Le lien morphologique entre les deux agglomérations se crée par la présence de deux petites agglomérations, Ekpé et Djeregbé (Carte 3.2).
Côte d'Ivoire	Abidjan/Bingerville + Grand Bassam. Les images satellites les plus récentes font apparaître une zone de mitage entre ces deux agglomérations.
Mali	Bamako, Kati, Baguineda, Diatoula. Les frontières nord de Bamako sont peu perceptibles en raison de la présence de vastes zones de « mitage», l'agglomération de Kati s'étend vers l'Est en un habitat très dispersé.
Gambie	Serrekunda, Brikama, Gunjur, Tanjeh, Kunkujang. Le cas de la Gambie s'apparente, bien qu'à une échelle moindre au cas des conurbations complexes du Nigéria. Le pays cumule des processus d'émergence de nouvelles localités avec leur absorption directe au sein d'agglomérations existantes.
Nigéria	Lagos, Ikorodu, Loburo, Agbarra, Magbon, Igbesa

Source : e-Geopolis – CSAO/OCDE 2015

Carte 3.2

Agglomérations urbaines dans la région d'Accra, Ghana et du Sud-Bénin en 2010

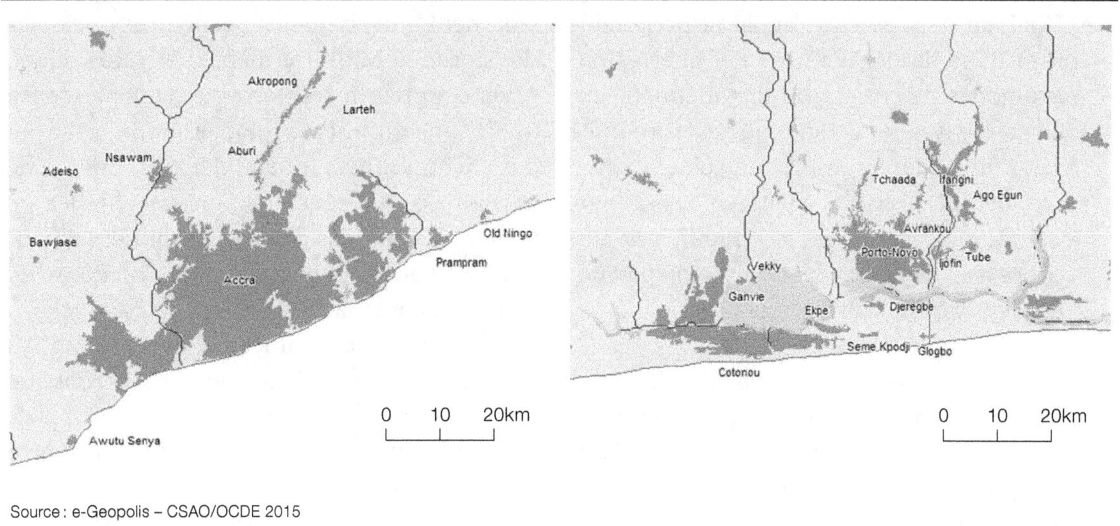

Source : e-Geopolis – CSAO/OCDE 2015

de 15 km) pourraient se rejoindre[6]. Le lien morphologique est facilité par la présence des agglomérations de Ekpé (45 000 habitants en 2010) et Djeregbe (11 000 habitants). Il se prolongerait au-delà de Porto-Novo et, avec l'absorption d'Akpro Misserete, Avrankrou, Tchaada et Ifanngi se formerait une région de plus de 2.5 millions d'habitants en 2030 (Carte 3.2).

Des phénomènes analogues s'observent à Bohicon-Abomey au Bénin et Kumasi au Ghana. Ils ne se réduisent pas non plus aux grandes métropoles (Burgel et al, 1995).

3.3 FORMES D'EXPANSION SPATIALE DES VILLES SECONDAIRES

Les planches 3.1 et 3.2 montrent que les conditions de l'étalement urbain ne sont jamais homogènes à l'échelle des 360 degrés de la périphérie d'une grande ville. Celle-ci, en s'étalant, se heurte à des obstacles (plans d'eaux, pentes). Elle se déploie sur des secteurs divers (terres agricoles, forêts, villages…). Ces différences entraînent des conséquences considérables sur leur forme, ainsi que leur contenu institutionnel et économique :

- Par absorption de villages, hameaux et écarts périphériques, créant des quartiers de type « villageois » ;
- Par des opérations d'aménagement urbain privées et/ou publiques avec le lotissement de nouveaux quartiers éloignés des centres ;
- Par le développement peu contrôlé du bâti, qui se traduit par un fort mitage des espaces « vides » et des périphéries agricoles. Dans les milieux sahéliens et sahariens où le relief n'oppose pas de contraintes physiques, l'expansion spatiale est parfois spectaculaire.

Les phénomènes de différenciation (habitat, bâti et économie) semblent donc perdurer, sinon s'intensifier, appelant deux remarques :

- L'habitat de type rural apparaît prépondérant dans de nombreuses périphéries où les modes de croissance maintiennent un certain niveau d'activité agricole à l'intérieur même des limites des agglomérations ;
- La forte croissance spatiale des agglomérations secondaires se traduit par un processus de fragmentation socio-spatiale, souvent associé à la métropolisation.

La planche 3.1 illustre les formes d'expansion des villes secondaires avec l'exemple de Kayes, agglomération de 142 000 habitants (2010), située dans le nord-ouest du Mali. Les images satellites mettent en évidence trois « motifs » de l'expansion physique de l'agglomération sur une période entre 2003 et 2011.

Coalescences de « villages »

La croissance des localités (bourgs, villages, hameaux) jusqu'au seuil urbain de 10 000 habitants explique l'émergence de la quasi-totalité des nouvelles agglomérations urbaines. Toutefois, les processus évoluent sous l'effet, notamment, de l'interconnexion accrue des lieux de peuplement. L'intensification de la circulation se manifeste par une linéarisation des réseaux urbains. Des fusions de villages et petites localités de moins de 10 000 habitants s'opèrent, se muant en une seule agglomération urbaine.

Les coalescences de « villages » restent un phénomène modeste au regard du nombre et de la taille des agglomérations concernées. Une petite centaine d'agglomérations de moins de 50 000 habitants en 2010, composées de deux ou plus unités locales sous statut rural (villages, settlements et localités) est néanmoins identifiée et mesurée au Bénin, au Burkina Faso, en Côte d'Ivoire, au Ghana, en Gambie, au Libéria, au Mali, au Sénégal, en Sierra Léone et au Togo. La moitié d'entre elles est située au Bénin et au Ghana, où le peuplement linéaire domine. Les coalescences contribuent à la recomposition des territoires locaux et de leurs économies. Des agglomérations urbaines composées de plusieurs villages émergent ainsi dans les périmètres agricoles de Nioro, au Mali. De même, les rives du lac Ahémé au Bénin sont en voie de coalescence totale : une dizaine d'agglomérations, qui n'ont pas encore franchi le seuil démographique de l'urbain, composées chacune de villages de quelques centaines à quelques milliers d'habitants, se développent sur un substrat dense de lieux de peuplement.

L'agglomération linéaire d'Akropong au nord d'Accra, se déploie le long de la route de Kumasi, sur une distance de près de 20 km. Les 9 *localities* qui la composent comptent entre 2 300 et 11 000 habitants en 2010, l'agglomération atteignant finalement 46 000 habitants. Cette agglomération se présente comme une projection spatiale d'Accra, séparée de la capitale par une autre agglomération « rue » Aburi. La linéarisation du réseau urbain vers Ho se poursuit au nord avec la présence de deux autres agglomérations qui se sont agrandies le long de l'axe routier.

Planche 3.1

Motifs de la croissance spatiale de Kayes (16/02/2003 – 27/10/2011)

a. Développement planifié (lotissements)

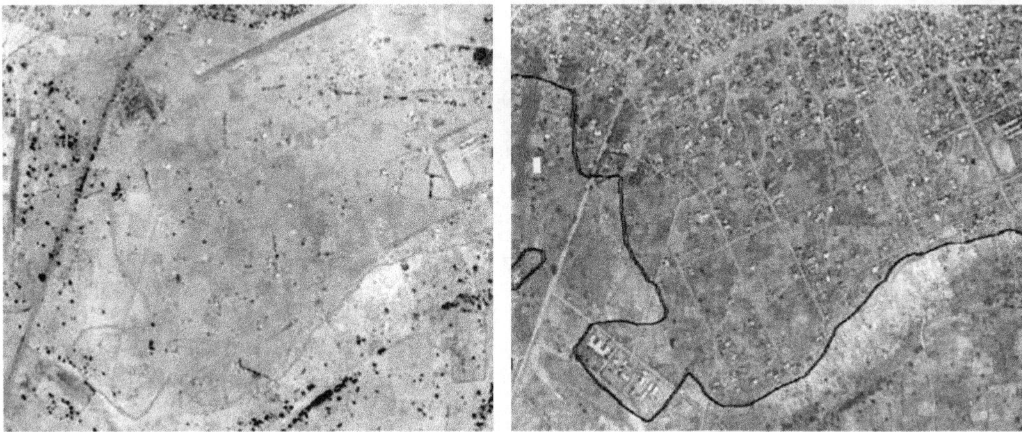

b. Développement non planifié (mitage, habitat type « urbain »)

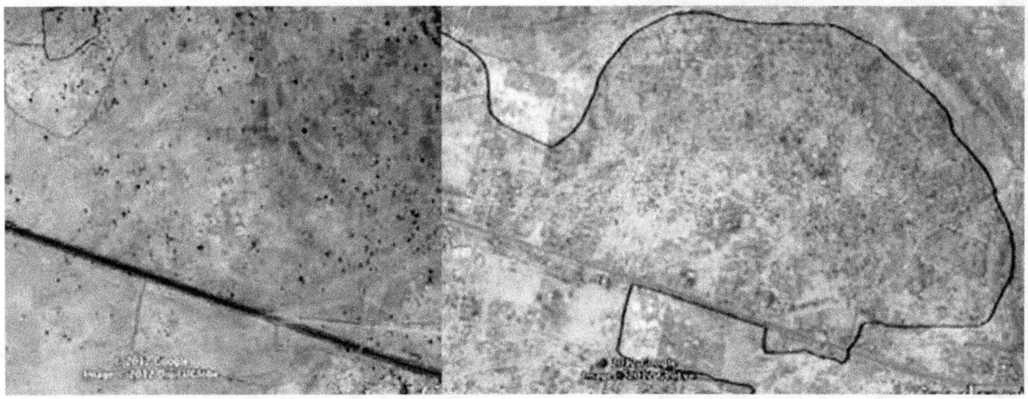

c. Absorption de villages et écarts (habitat type 'rural' en cours ou enclos)

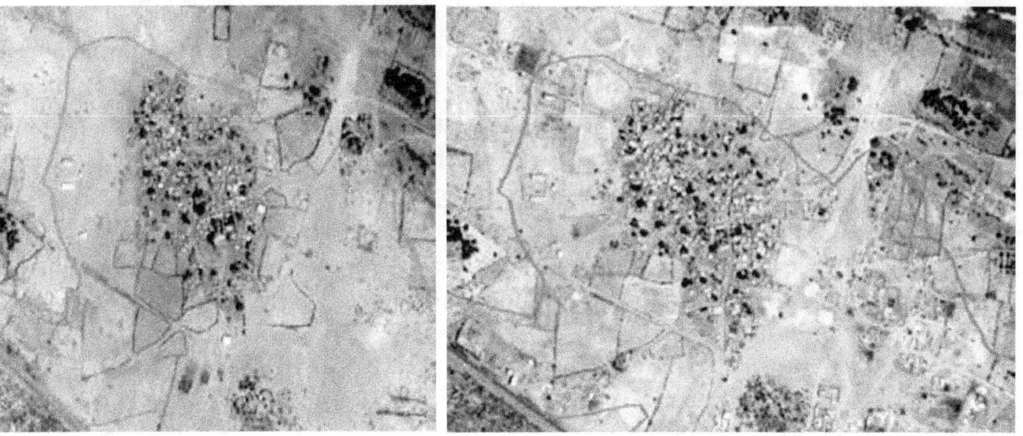

Source : Google Earth (2012), Kayes, Mali, disponible sur www.google.com/earth/download/ge/agree.html (vu le 29 Novembre 2012)

Planche 3.2
Tache urbaine de l'agglomération d'Akropong, Ghana

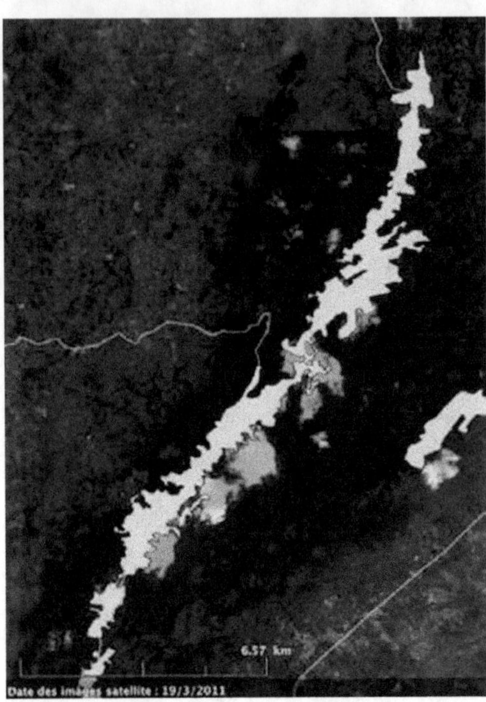

Sources : Google Earth (2012), Akropong, Ghana, Disponible sur www.google.com/earth/download/ge/agree.html (vu le 29 Novembre 2012)
Notes : *Image Google Earth et taches urbaines e-Geopolis*

Conurbations nigérianes : de l'hyper-rural au méta-urbain

Les conurbations nigérianes datent massivement de la fin des années 90. Elles sont nées sous l'effet de la densification de l'habitat diffus dans les régions très denses du delta du Niger. En effet, à l'est du fleuve, la densité démographique des États de l'Imo et d'Anambra et des « Local Government Areas », *LGAs* des États voisins d'Aba, Rivers, Akwa Ibom, atteint les 1 000 habitants au km² en 2010. Parmi les conurbations identifiées, quatre comptent plus de 1 million d'habitants en 2010 (Tableau 3.3).

Agglomération urbaine de 620 000 habitants en 1990, Onitsha est reclassée au deuxième rang au Nigéria, avec 6 280 000 habitants, suite à sa fusion avec une vingtaine d'autres agglomérations de plus de 10 000 habitants en 1990. Beaucoup plus étendue que Lagos, elle s'étale sur près de 2 000 km², mais elle est beaucoup moins dense (3 200 hab/km² estimés en 2010) (Planche 3.3).

Les processus de transformation des territoires à plusieurs échelles d'observation (métropoles, agglomérations secondaires, coalescences de villages et conurbations) présentent ainsi une caractéristique commune majeure : la densification de l'habitat qui conduit à une « urbanisation diffuse » de territoires autrement considérés « ruraux ». Les conurbations et les agglomérations nées de coalescence de villages repoussent la « limite » de l'urbain. Elles conduisent à rediscuter les critères retenus pour distinguer l'urbain du rural : densités, type d'habitat et importance de l'agriculture. Ainsi, ces agglomérations présentent des densités inférieures à celles observées dans les grandes villes mais supérieures à celles des zones rurales : de l'ordre de 2 300 à 2 600 habitants par km² à Uyo, Nsukka et Aba et de 3 300 habitants par km² à Akropong et Onitsha. Il reste à explorer le niveau bas des hiérarchies urbaines.

L'urbanisation en Afrique participe donc de processus universels et très actuels : mitage, zones loties en bordure des métropoles et des villes secondaires, inclusion d'espaces agricoles dans les limites géographiques des agglomérations urbaines, coalescences à différentes tailles d'agglomérations.

Planche 3.3

Tache urbaine de la conurbation d'Onitsha, Nigéria en 2011

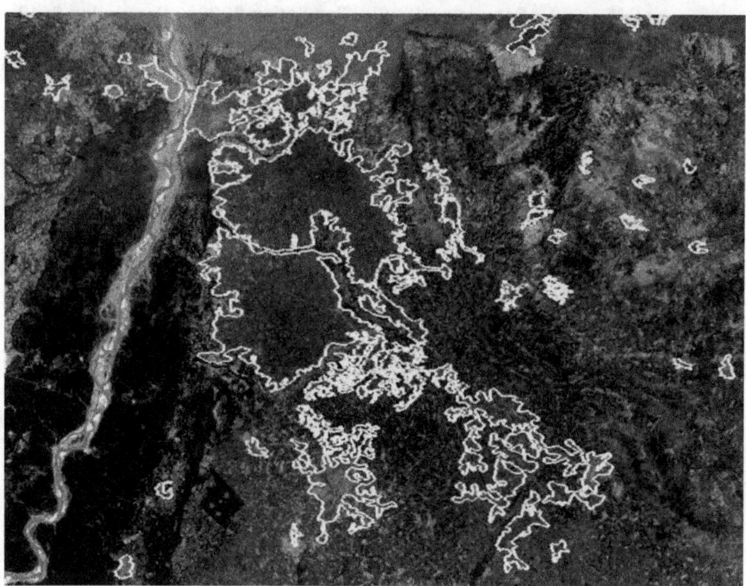

Sources : Google Earth (2012), Onitsha, Nigéria, Disponible sur www.google.com/earth/download/ge/agree.html (vu le 29 Novembre 2012)

Notes : *Image Google Earth et taches urbaines e-Geopolis*

Tableau 3.3

Les principales conurbations urbaines au Nigéria en 2010

	Population 2010 (millions)	Superficie (km²)	Densité (hab/km²)
Onitsha	6.28	1 965	3 196
Uyo	1.88	729	2 579
Nsukka	1.46	645	2 264
Aba	1.01	384	2 630

Source : e-Geopolis – CSAO/OCDE 2015

Tableau 3.4

Composition de la conurbation d'Onitsha, les agglomérations de population absorbées

Nom	État	LGA	Population 1990	Population 2000	Population 2010
Onitsha	**Anambra**	**Onitsha North**	**620 000**	**1 450 000**	**6 280 000**
Umuahia	Imo	Umuahia North	120 000	0	0
Awka	Anambra	Awka South	90 000	0	0
Nkwerre	Imo	Nkwerre	90 000	0	0
Orlu	Imo	Orlu	75 000	0	0
Oguta	Imo	Oguta	25 000	0	0
Okporo	Imo	Oru East	20 000	0	0
Nibo	Anambra	Awka South	15 000	0	0
Nnewi	Anambra	Nnewi North	160 000	300 000	0
Ihiala	Anambra	Ihiala	70 000	180 000	0
Urualla	Imo	Ideato North	110 000	150 000	0
Enugu Ukwu Uruogbo	Anambra	Njikoka	50 000	90 000	0
Amauzari Okwosu	Imo	Isiala Mbano	50 000	90 000	0
Uli	Imo	Ihiala	35 000	45 000	0
Ozubolu	Anambra	Nnewi North	30 000	42 000	0
Nkume	Imo	Njaba	20 000	40 000	0
Mgbidi	Imo	Oru West	20 000	30 000	0
Amaraka	Imo	Isiala Mbano	11 000	20 000	0
		Population absorbée	**435 000**	**987 000**	

Note : « 0 » indique que l'agglomération de population est absorbée.

Source : e-Geopolis – CSAO/OCDE 2015

NOTES \\\

1 *The State of African Cities Reports 2010, United Nations Human Settlements Programme (ONU-HABITAT).*

2 *Mitage : un espace occupé par des constructions isolées se densifie de sorte que la distance moyenne qui les sépare devient inférieure à 200 m et que la population totale dépasse 10 000 habitants.*

3 *Étalement : l'espace bâti de l'agglomération envahit des sols qui n'étaient pas encore bâtis.*

4 *Absorption : l'espace bâti d'une agglomération urbaine rejoint celui de villages et de hameaux ou de constructions isolées qui sont dès lors inclus dans l'agglomération.*

5 *Coalescence : l'espace bâti de villages et de hameaux initialement distincts devient coalescent. La somme de leurs populations dépasse les 10 000 habitants, formant ainsi une nouvelle agglomération.*

6 *La formation et le fonctionnement de cette région urbaine sont étudiés dès les années 2000 par E. Dorier-Apprill et E. Domingo (2004).*

Bibliographie

Burgel, G. et al (dir.) (1995), "Villes secondaires d'Afrique", *Villes en parallèle*, No. 22, pp. 17–36, Décembre.

Dorier-Apprill, E. et E. Domingo (2004), "Les nouvelles échelles de l'urbain en Afrique : Métropolisation et nouvelles dynamiques territoriales sur le littoral béninois", *Vingtième siècle*, No. 81, Presses de Sciences Po, Paris, pp. 41–54, http://dx.doi.org/10.3917/ving.081.0041.

Chapitre 4

Estimation de la population des villes nigérianes

Le Nigéria bénéficie d'une analyse[1] spécifique en raison de : son poids démographique régional, des controverses sur les données officielles de population et de leur absence à l'échelle locale. Ces lacunes nécessitent la mise en œuvre d'une méthodologie particulière pour l'estimation de la population de chaque agglomération et donc, pour le calcul de l'ensemble des indicateurs urbains. Une critique des sources de recensements et de la cartographie, ainsi qu'une description des hypothèses et de leurs conséquences sont réalisées. Les données obtenues sont ensuite testées (distribution, hiérarchie, etc.), comparées et confrontées à quelques modèles théoriques[2].

Les prévisions globales de la croissance urbaine sont basées sur l'application de modèles établis en géographie urbaine ou en économie spatiale. Ces bases de données ne cherchent pas à estimer la population des villes, mais un stock global de population urbaine à l'échelle d'un État. Suivant la posture hypothético-déductive, l'enjeu de la démarche scientifique consiste à confronter à la réalité empirique, des résultats obtenus par la voie théorique. Au Nigéria, les données empiriques locales sont défectueuses et les résultats issus exclusivement des sources statistiques sont invérifiables. Ainsi, l'approche top-down atteint rapidement ses limites.

Si les modèles théoriques aboutissent à des résultats assez proches de la réalité au niveau national, ils sont en revanche incapables de restituer la diversité locale. Toutes les populations n'ont pas un accès aux services d'une grande ville, ne disposent pas de ressources naturelles équivalentes, ne bénéficient pas de la proximité immédiate de routes et d'autoroutes, et ne s'organisent pas selon un système social et économique identique.

E-Geopolis s'appuie sur la démarche scientifique inverse, dite inductive. Pour ce faire, elle suit une logique *bottom-up*, partant du traitement au niveau du groupe de maisons, pour remonter au niveau national par agrégation successive des résultats identique à celle de la première version de l'étude Africapolis I. Les conclusions récentes remettent cependant en question les résultats antérieurs. Ceci s'explique notamment par l'amélioration des données satellitaires et l'utilisation plus prudente des sources – analyse critique du fond « *LGAs* », et corrections apportées aux documents statistiques de 2011.

4.1 PROBLÉMATIQUE

Une urbanisation exceptionnelle en Afrique

Même si les recensements sont controversés depuis un demi-siècle, le Nigéria reste et restera longtemps le pays le plus peuplé du continent africain. Par la taille de son marché, il domine ses voisins immédiats huit à dix-sept fois moins peuplés – Cameroun, Niger, Tchad, Bénin. Il abrite la moitié de la population ouest-africaine.

Ses dimensions urbaines devraient continuer à croître. Cinquième exportateur pétrolier mondial, le pays a investi un budget considérable dans les infrastructures routières. L'étendue et la densité du réseau sont sans équivalent en Afrique, à l'exception de l'Afrique du Sud. Le réseau autoroutier et les routes rectilignes, larges et asphaltées contrastent avec l'indigence des réseaux voisins. Les voies de communication profitent au développement urbain. S'appuyant sur un secteur manufacturier diversifié (agroalimentaire, chimique, acier, ciment, textile), les industries nigérianes exportent depuis plusieurs décennies leurs productions dans l'ensemble des pays d'Afrique. La cartographie confirme la présence de vastes emprises industrielles dans

Tableau 4.1

Population totale du Nigéria, données officielles et données corrigées

Population totale (milliers)	1952	1952–53	1962	1963	1991	2006	2011
Officielle	30400	31225	45332	55670	88992	140432	167913
Corrigée		33160	41055	42000			
Notes	1		2	3	4	5	6

[1] Officielle : Population Census of 1952, 30.4 millions + 650000 habitants du Northern Cameroons (rattaché en 1961 et recensé en 1953). Corrigée : basée sur l'estimation de l'USBC.

[2] Officielle : comptage préliminaire de 1962 réalisé pour la préparation du recensement de 1963. Corrigée : basée sur un taux d'accroissement annuel de 2.3 % par an entre 1952 et 1962.

[3] Officielle : Population Census of 1963. Corrigée : basée sur un taux d'accroissement annuel de 2.3 % entre 1962 et 1963.

[4] Recensement de la population du 26 novembre 1991

[5] Recensement de la population du 21 mars 2006

[6] Dénombrement : estimation communiquée par le Bureau of Census du Nigéria (octobre 2011)

Source : e-Geopolis 2013

plusieurs villes, facteur historique d'urbanisation dans le monde (Bairoch, 1985). Le secteur des services est très développé : banques, assurance et commerce, qui fournissent des emplois dans les grands centres urbains. Les ports maritimes desservent, outre l'immense marché intérieur, les villes enclavées des pays voisins du Nord (Niger, Tchad).

Un contexte ethnologique particulier existe avec de nombreux groupes de population, à l'origine d'anciens grands foyers d'urbanisation, présents sur le territoire nigérian. Au sud-ouest, la civilisation urbaine yoruba (Royaume d'Oyo) héberge un réseau dense de villes : une vingtaine d'entre elles dépasse les 20000 habitants à la fin du XIXe siècle. Au foyer sud-ouest, qui rassemble approximativement un cinquième de la population du pays, s'ajoute l'héritage haoussa au nord. Ce dernier est fondé sur des villes multiséculaires qui ont constitué les principaux nœuds sur les routes entre l'Afrique de l'Ouest et la Terre-Sainte de l'Islam. Religions et commerces s'y développent simultanément dès le XIe siècle. Si les Haoussa représentent une part comparable à celle des Yoruba – environ 20 % de la population nationale (Mustapha, 2006) – leur présence diffuse dans le reste du pays et en dehors des frontières (Niger, Cameroun, mais aussi Soudan, Ghana) est propice à l'établissement de réseaux d'échanges continentaux. Avant même le Protectorat anglais, des villes du nord comme Kano, Maiduguri, Sokoto, Zaria, Bida, ou Yola dépassent 10000 habitants. Si le delta du Niger (où la densité démographique est comparable à celle des grandes plaines d'Asie) est traditionnellement agricole, les ramifications du fleuve en font également un lieu favorable aux échanges. S'y développent plusieurs centres urbains, comme Aba, Calabar, Onitsha, Port-Harcourt excédant 10000 habitants à compter des années 20. Sur l'ensemble du territoire, e-Geopolis identifie près de 50 villes supérieures à 10000 habitants dès le recensement de 1911. Le fait que le niveau d'urbanisation nigérian est supérieur au reste de l'Afrique de l'Ouest se pose « plus comme une hypothèse » malgré des statistiques déficientes et controversées.

4.2 MANQUE DE DONNÉES DÉMOGRAPHIQUES FIABLES

Comme la plupart des pays où la représentation politique nationale ainsi que la redistribution des richesses d'un État rentier dépendent du poids démographique des régions, et où celles-ci coïncident avec des groupes ethnolinguistiques ou religieux, les recensements représentent des enjeux matériels, politiques et symboliques.

Recensements nationaux

Des problèmes apparaissent dès le recensement de 1963. Les 55.7 millions d'habitants recensés auraient impliqué une croissance annuelle de 5.4 % par rapport à l'exercice précédent de 1952 (31.1 millions) (Tableau 4.1). L'une des raisons

Graphique 4.1
Distribution par âge de la population du Nigéria en 1963 et essai de correction par régression polynômiale du second degré

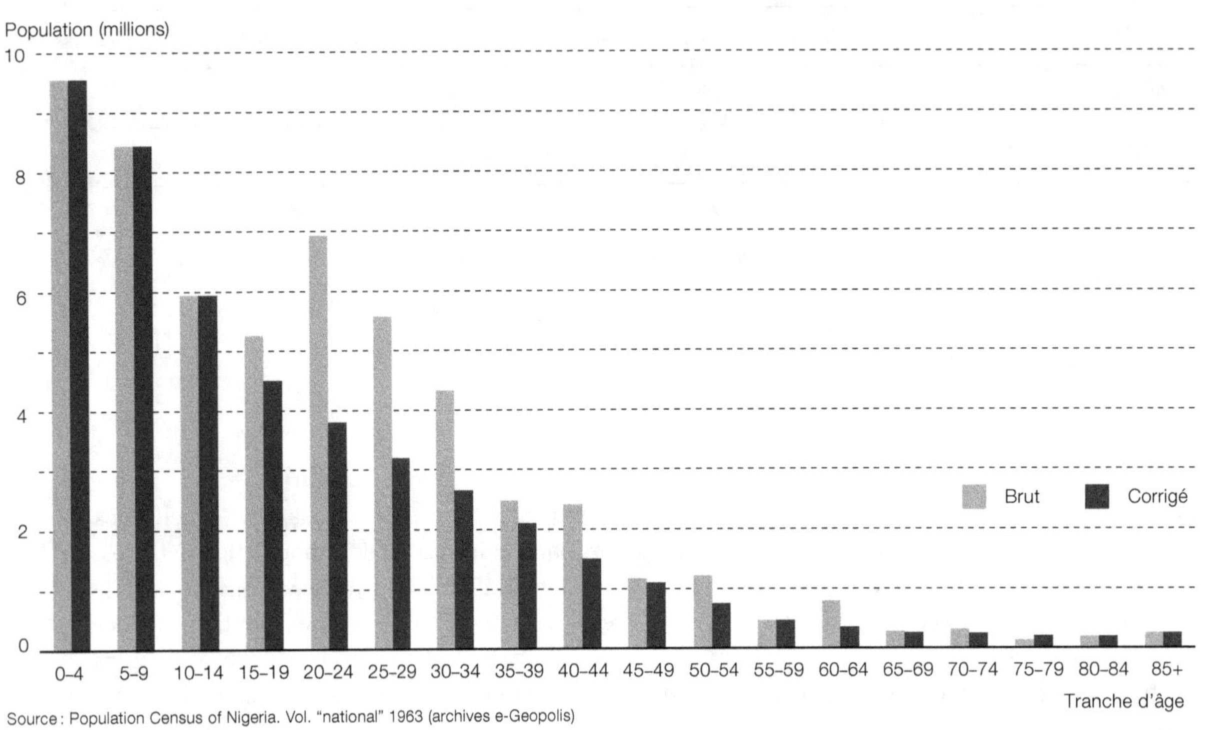

Source : Population Census of Nigeria. Vol. "national" 1963 (archives e-Geopolis)

évoquées est que le recensement de 1952 aurait souffert de graves omissions. Cette hypothèse n'est pas à exclure quoique insuffisante. L'observation attentive des chiffres de 1963 montre une surreprésentation systématique des populations masculines de l'âge 20–39 ans (Graphique 4.1). Celle-ci est commune dans les villes minières ou industrielles d'Afrique parce qu'elles attirent une immigration masculine qui permet au reste de la famille de subsister dans les campagnes. Cependant, ce scénario est impossible à l'échelle d'un pays entier. Si cette manipulation apparaît clairement (Graphique 4.1), il est toutefois difficile de lisser la répartition à cause du manque de précision des données. Comme l'état-civil était déficient, l'âge des individus subit « l'attrait des chiffres ronds » : un grand nombre d'adultes savent qu'ils ont environ 40, 50 ou 60 ans et déclarent cet âge au lieu de leur âge réel. Il en résulte un gonflement des tranches d'âge terminant par 0. L'hypothèse selon laquelle les habitants eux-mêmes, les services statistiques sous la pression politique… ou les deux – rajoutent des habitants fantômes ne fait aucun doute. Pour montrer la force du groupe, des hommes jeunes et actifs sont rajoutés plutôt que des femmes, des enfants et des personnes âgées. Les tranches 20–24, 25–29 et 30–34 ans affichent à elles seules un surplus estimé à sept millions de personnes. La question est de savoir si le rajout concerne *seulement* des jeunes hommes ou *plutôt* des jeunes hommes ?

Une autre méthode d'estimation prend en compte une opération préparatoire au recensement de 1962, pour établir le découpage des aires d'énumération. Elle conduit à un total de 45.3 millions d'habitants (Tableau 4.1). Les Nations Unies dans les années 70–80 s'appuient sur les résultats du pré-recensement de 1962. Suivant un taux de croissance de 2.3 %, la population aurait augmenté d'environ un million d'habitants, si bien que les annuaires démographiques onusiens estiment la population à 46.3 millions d'habitants pour 1963.

Suivant le chiffre de 1962 (45.3 millions), le taux de croissance annuel entre 1952 et 1962 resterait encore trop élevé (4 %). Cependant, entre les deux recensements, le Nigéria s'est agrandi de 46 700 km^2 et d'environ

Carte 4.1

Territoire du Nigéria après la fusion avec le Cameroun britannique

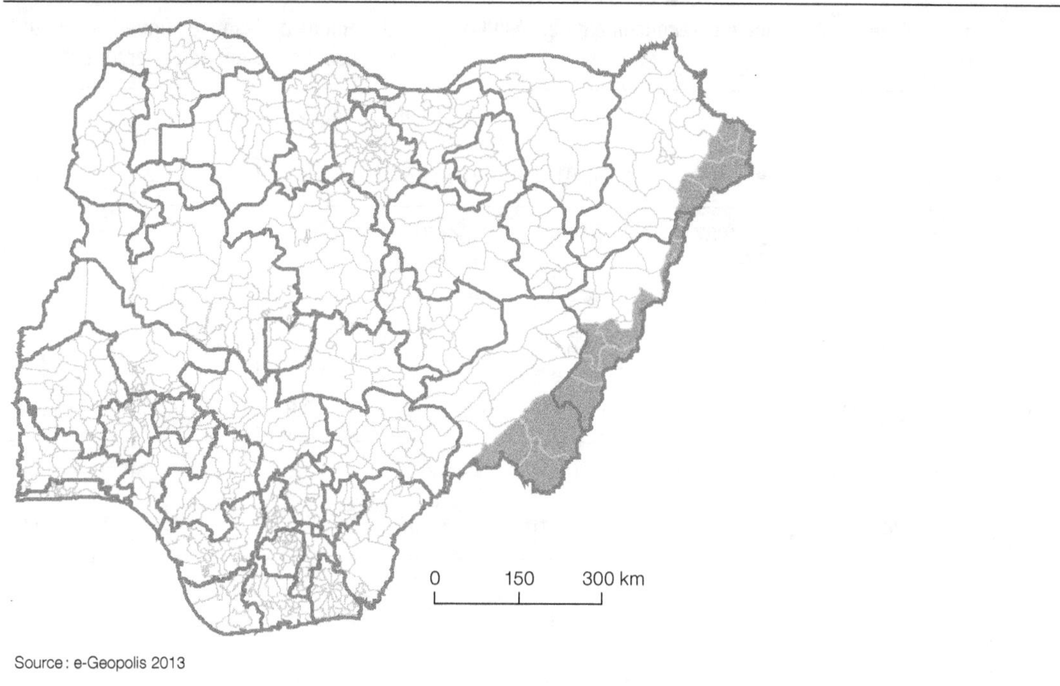

Source : e-Geopolis 2013

650 000 habitants (en 1953) en annexant l'ancienne partie du Cameroun britannique appelée *Northern Cameroons*[3] en 1961 (Carte 4.1). Si l'on rajoute cette dernière à la population du Nigéria en 1952, ce qui conduit à une population totale de 31.1 millions, le taux de croissance annuel n'est plus que de 3.8 %. Et si l'on estime qu'il ne pouvait guère dépasser les 2.3 % à cette époque (le taux de mortalité infantile était estimé à 189 ‰ au début des années 50, et le taux de mortalité à 27.7 ‰, contre 15.1 ‰ de nos jours), le Nigéria n'aurait dû compter que 41 millions d'habitants. Il n'y a donc pas eu seulement un rajout de jeunes hommes.

Comment expliquer cela ? Dans les années 60, la guerre du Biafra exacerbe la concurrence entre régions et groupes. En 1973, un nouveau recensement est réalisé mais ses résultats sont officiellement annulés. Il donnait 79.8 millions d'habitants pour l'ensemble du pays. Après 1963, aucun recensement n'est donc publié pendant 28 ans. Celui de 1991 compte 89 millions d'habitants. Par rapport aux 45.3 millions d'habitants pré-recensés en 1962, on note un accroissement annuel moyen de 2.4 %. Cependant, sur le plan de l'accroissement démographique, cette période est à l'évidence très hétérogène. En effet, à la fin des années 60, la guerre et surtout la famine au Biafra auraient coûté entre deux et quatre millions de vies, soit l'équivalent de deux à quatre années de solde naturel.

Enfin, les 140.4 millions annoncés au recensement de mars 2006 représentent une croissance moyenne de 3.1 % par rapport à 1991. Dans un premier temps, cette progression semble exagérée, et plus encore le taux de croissance obtenu entre 2006 et l'estimation officielle de 2011 (167.9 millions), qui suppose un accroissement annuel de 3.6 %. Dans le rapport de 2008, l'hypothèse est donc émise que la population du Nigéria serait à nouveau surévaluée en fin de période.

Depuis 2008, le débat est alimenté par la publication des premiers résultats des recensements du Bénin, du Niger, de la Mauritanie et du Mali. Ces derniers montrent un léger rebond de la croissance de la population nationale depuis 2000 ; alors que l'on pensait que la croissance démographique en Afrique de l'Ouest diminuait.

Cette hausse serait cependant passagère au cours de la transition démographique. Elle ne serait pas liée à une reprise de la natalité, mais à une baisse brutale de la mortalité, notamment infantile. Cette baisse pourrait résulter

Tableau 4.2

Les résultats des 4 derniers recensements dans 4 pays d'Afrique de l'Ouest

	Date de référence des recensements et résultat				Taux de croissance annuel moyen au cours de la période intercensitaire		
Bénin	01/04/1979 3 331 210	15/02/1992 4 915 555	15/02/2002 6 769 914	11/05/2013 9 983 884	3.1	3.3	3.5
Mali	16/12/1976 6 394 918	01/04/1987 7 696 348	01/04/1998 9 810 912	01/04/2009 14 517 176	1.8	2.2	3.6
Niger	20/11/1977 5 102 990	10/05/1988 7 251 626	20/05/2001 11 060 291	10/12/2012 17 129 076	3.4	3.3	3.8
Mauritanie	01/01/1977 1 338 830	05/04/1988 1 865 236	01/11/2000 2 508 159	25/03/2013 3 387 868	3	2.4	2.5

Sources : compilation des données de RGPH (archives e-Geopolis)

Tableau 4.3

Scénario d'évolution de la population totale

	1950	1960	1970	1980	1990	2000	2010
Population totale (milliers)	31 800	39 230	49 300	65 700	86 950	119 350	166 164

	1950–60	1960–70	1970–80	1980–90	1990–2000	2000–10
Taux de croissance annuel	2.1 %	2.3 %	2.9 %	2.8 %	3.2 %	3.4 %

Source : e-Geopolis 2013

de l'amélioration de l'accès aux équipements de santé, et donc une conséquence indirecte de la densification du maillage du territoire par les petits centres urbains.

Par ailleurs, le début des années 2000 est une période faste pour l'économie nigériane avec un PNB en hausse annuelle de 5 %. Cette embellie a peut-être généré de fortes migrations depuis les pays voisins, en particulier du Niger et du Tchad. Cependant, aucune de ces deux hypothèses n'est vérifiable en l'état actuel des statistiques.

Contrairement au rapport Africapolis 2008, les chiffres des recensements de 1991 et de 2006 sont considérés comme fiables. Étant donnée la taille du Nigéria, ces fluctuations ont des répercussions considérables sur les effectifs de population de l'ensemble de l'Afrique de l'Ouest et sur les projections démographiques. Le débat n'est donc pas clos, et il convient de rester prudent lorsqu'on interprète les dynamiques démographiques du Nigéria.

Arbitrages adoptés dans e-Geopolis

Les estimations pour le Nigéria recourt à plusieurs sources avant 1970, puis utilise les données officielles disponibles pour et après 1990. Les résultats des recensements de 1991 et de 2006 sont considérés fiables ainsi que l'estimation de 2011. Les chiffres de 1950 et 1960 sont interpolés à partir des données corrigées de 1952 et 1962 ; ceux de 1970 et 1980, interpolés à partir des données de 1962 corrigées et de 1991. Les résultats sont sensiblement inférieurs aux données officielles reproduites dans les

Graphique 4.2
Distribution par tranches d'âges de la population d'Ilorin UC en 1963

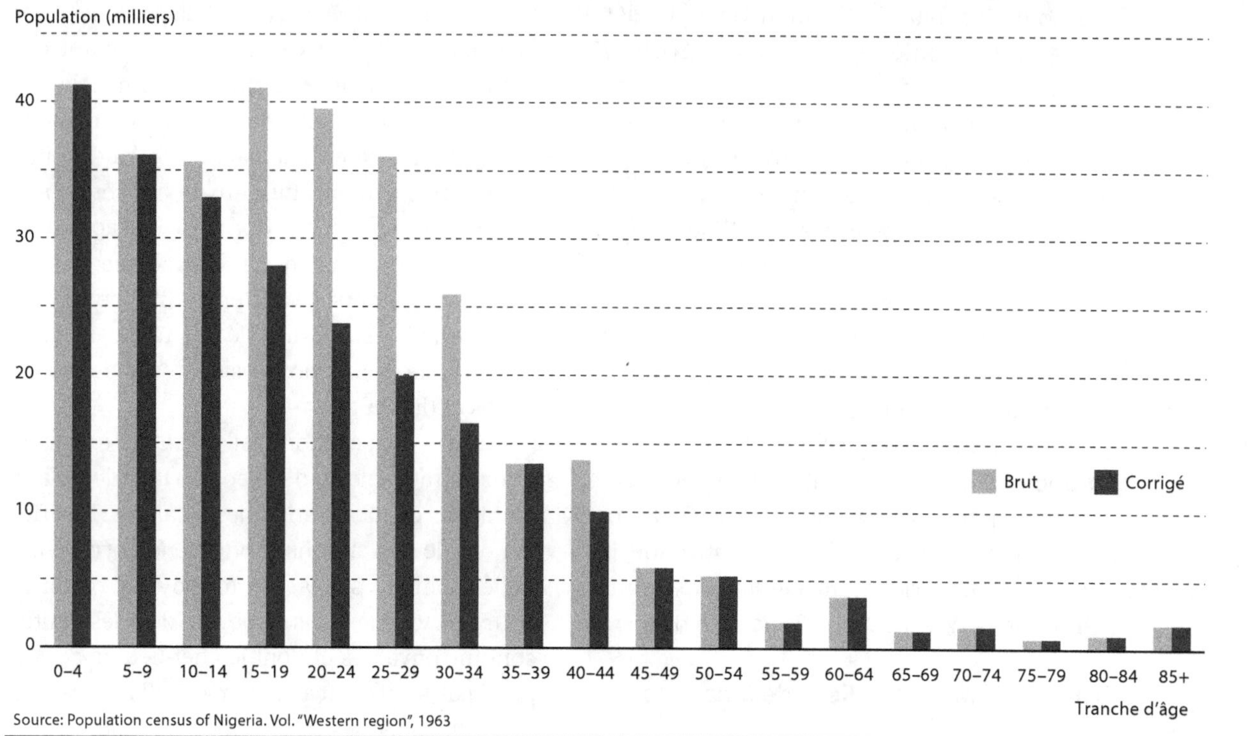

Source: Population census of Nigeria. Vol. "Western region", 1963

publications internationales (Nations Unies, Banque mondiale, etc.) (Tableau 4.1).

Le scénario retenu de l'évolution de la population totale du Nigéria est le suivant (Tableau 4.3) :

Corrections appliquées à la population des villes

Dans ce contexte, comment peut-on évaluer la population des villes ? Reprenant systématiquement les données par sexe et par tranche d'âge des publications du recensement de 1963, e-Geopolis corrige ville par ville les chiffres de population. Les données de 1963 ne sont pas détaillées par localité, mais disponibles pour les niveaux géographiques encadrant : *District council* ou DC, *Local council* ou LC, *Urban council* ou UC, et *Group* ou G. Dans les recensements, ces divisions territoriales sont ensuite regroupées par *Census District*, puis par *Division*, *Province* et publiées dans cinq volumes régionaux, dactylographiés avec de nombreuses fautes de frappe.

Le graphique 4.2 donne un exemple de la distribution par tranche d'âge pour Ilorin « *Urban council* » en 1963. Le total brut donné atteint 305 900 habitants. Après lissage de la courbe, on obtient 245 200 habitants. Ce taux de déflation, appliqué à la ville d'Ilorin donne 171 600 habitants contre 208 600 habitants; une estimation réalisée à partir du pré-recensement de 1962 donne 179 100 habitants. Cette différence pourrait s'expliquer par une surreprésentation des hommes actifs, certes plus modeste que ne le laissent apparaître les chiffres officiels, mais que le lissage polynômial efface en revanche en totalité.

La série corrigée par le pré-recensement de 1962 donne probablement les meilleurs résultats. Le résultat global ne diffère donc guère de ce dernier, mais il dénote de sensibles différences régionales. Si ce bilan permet d'affiner les estimations locales de population en 1963, il soulève d'autres questionnements : les problèmes de sur-énumération n'ont pas frappé également toutes les régions et toutes les villes. Il n'est donc pas aisé de corriger les estimations au niveau infranational. Les problèmes démographiques de comptage, se conjuguent à ceux relatifs au découpage territorial et à la cartographie.

4.3 PARTICULARITÉS DU DÉCOUPAGE GÉOGRAPHIQUE NIGÉRIAN

Après 1963, les résultats des recensements ne sont pas publiés à un niveau de détail géographique inférieur à celui des *LGAs* (774 au recensement de 2006). Alors que les pays francophones publient des *répertoires de villages*, le Ghana et la Gambie des *gazetteers* de *localities* dès le recensement de 1931, aucun document de ce type n'existe au Nigéria depuis 50 ans. Il n'y a pas de liste officielle de villes et de villages disponible.

La liste des *localities* publiée en 1963 correspond à des entités administratives dont les limites ne sont pas connues et pour la plupart, non cartographiées. Enfin, la cartographie de la maille territoriale des 774 *LGAs* souffre de nombreuses incohérences, de sorte que son croisement avec tout autre source – photographie aérienne, image satellite, données GPS – ne permet aucune vérification de terrain.

Une variété particulière de *localities*

Il est pertinent d'interroger le concept de *locality* de 1963, en l'absence de cartographie ou de document explicatif, avant de discuter des contraintes de leur cartographie - source essentielle pour la mesure des agglomérations.

La *locality* nigériane de 1963 ne définit pas un bourg ou un village et ses environs, mais un territoire à vocation rurale dont on ne connaît pas le périmètre territorial. Dans l'Etat de Sokoto, la population s'élève officiellement à 4.33 millions habitants en 1963. Selon les données détaillées, on compte environ 100 *localities* de plus de 10 000 habitants, regroupant 36 % de la population ; au seuil de 6 500 habitants, 227 *localities*. 80 % de la population de Sokoto vit dans des *localities* de plus de 5 000 habitants, soit l'équivalent du niveau de concentration du peuplement de l'Allemagne ou de l'Italie aujourd'hui. Dans les États du Sud-Ouest (pays Yoruba), jusqu'à 90 % de la population auraient vécu dans les *localities* supérieures à 5 000 habitants. Cette distribution spatiale dans cette région, dix fois supérieure à celle des pays de la même zone d'Afrique à la même époque, n'est pas réaliste.

La distribution rang-taille, faisant état d'une pente inférieure à –0.4, reflèterait une volonté de définir des entités administratives de tailles subégales (Graphique 4.3). Les *localities* nigérianes de 1963 correspondent donc à des circonscriptions territoriales regroupant des unités de peuplement que la nomenclature anglo-saxonne appelle *settlement*. La traduction correspondante en français est « lieu habité » ou « établissement humain ». Le *settlement* n'a pas de superficie donnée. Il s'agit d'un point sans dimension qui permet de dénombrer les habitants vivant en un même lieu. Si sa superficie est mesurable sur une carte, elle est variable en fonction des contours des zones bâties et du temps.

Cette observation est confirmée par le pourcentage élevé d'échec de fait de toutes tentatives de localisation des *localities*. En effet, le nom de ces circonscriptions ne correspond généralement pas à un toponyme reconnu, bourg ou village, mais à une aire dont les limites sont introuvables et dont le chef-lieu ne correspond pas forcément à un nom de village. Dans le delta du Niger, les trois-quarts des toponymes utilisés dans le recensement de 1963 restent introuvables. Dans l'État de Sokoto, en 1963, seules les deux plus grandes *localities*, Sokoto (89 900 habitants) et Gusau (69 300 habitants), et peut-être Kaura Namoda et Wurno comptaient un établissement de plus de 10 000 habitants. L'objectif des *localities* correspond davantage à une « préservation » d'un monde rural plutôt qu'à la définition d'entités de type « village », avec un bourg, ses écarts et son finage.

Issue d'une conception ruraliste des politiques (souhaitant stabiliser un territoire rural et protéger ses productions agricoles), cette configuration reste fréquente dans les régions agricoles des plaines centrales américaines. Il n'est pas rare que les agglomérations émergent à la croisée de différentes *localities*, de sorte que les chiffres de population ne correspondent à aucune entité morphologique (Graphique 4.4). A, B, C et D sont les noms de *localities* définies par l'administration, mais pour lesquelles aucune carte ne subsiste aujourd'hui. X est le nom d'un centre urbain reporté sur les cartes routières. Si l'objectif politique et administratif du découpage est d'encadrer des territoires ruraux, il explique que les agglomérations émergent sur les marges des entités administratives, et non en leur centre. De par leur situation, elles

Graphique 4.3

Distribution rang-taille des *localities* de plus de 6 500 habitants dans l'ancien État de Sokoto en 1963

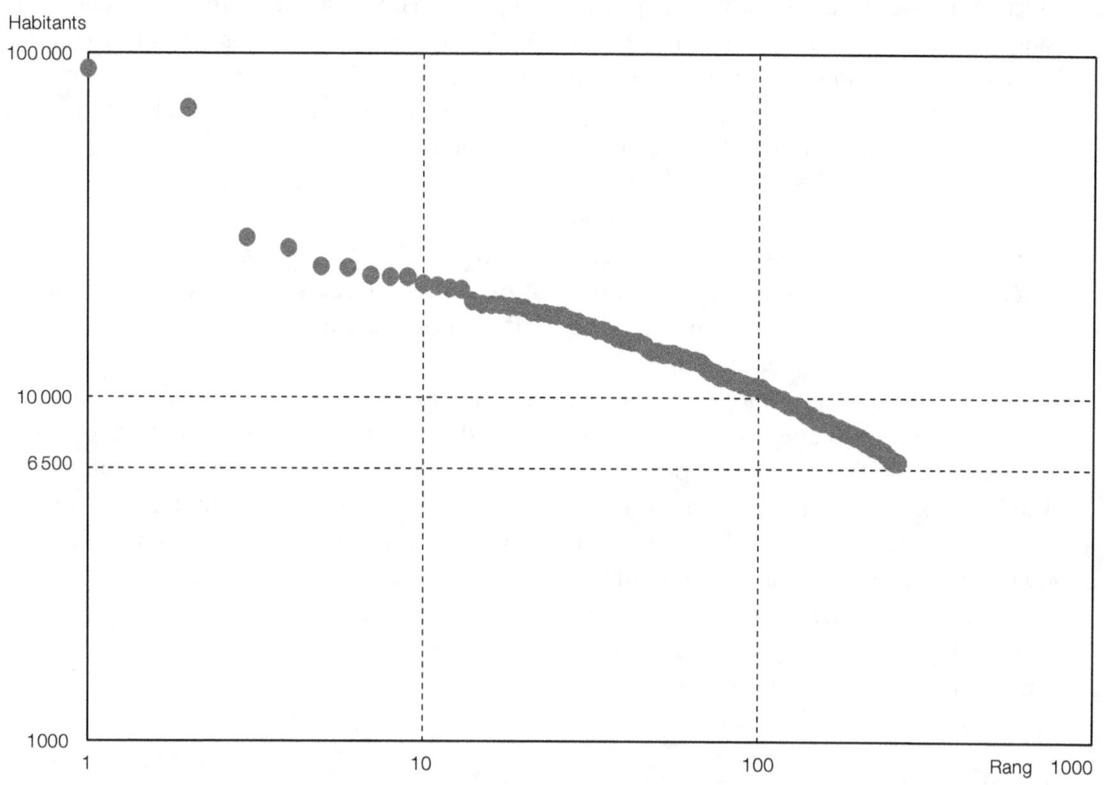

Paramètres d'ajustement de la distribution : y=-0.393x+4.772; r2=0.962.
Source : Population Census of Nigeria 1963, vol. Northern (archives e-Geopolis)

Graphique 4.4

Modèle anglo-saxon de découpage en *township*

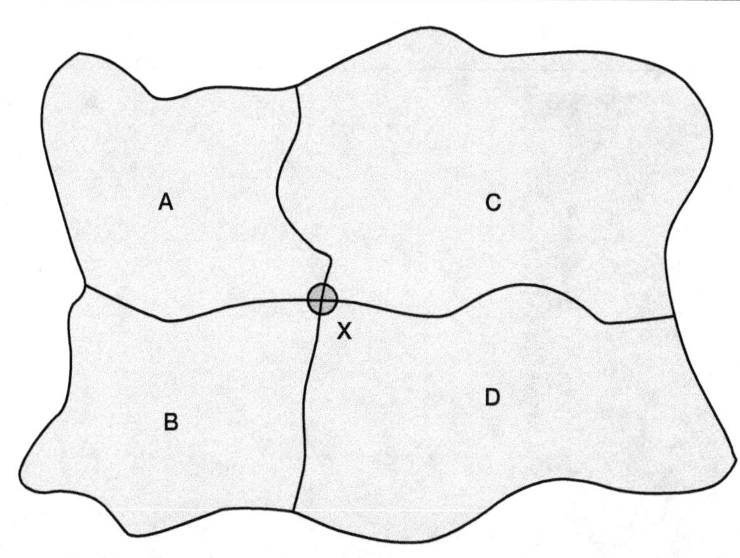

Source : e-Geopolis – CSAO/OCDE 2015

organisent les échanges locaux et l'on y trouve également les services de base (écoles et dispensaires). Ainsi, au Nigéria, huit agglomérations identifiées n'ont pas pu être associées à un nom. La plus peuplée atteint 13 500 habitants en 2010. Ces agglomérations ne sont pas reconnues sur le plan politique et ne sont nommées sur aucune carte.

En 1952, les villes sont définies comme les *localities* dépassant 5 000 habitants, et le concept de *locality* s'apparente à celui du *settlement*, semblable au Ghana. En 1963, sont considérées comme « urbaines » les *localities* de plus de 20 000 habitants. Cependant, il ne s'agit plus du même type d'entités administratives. La liste des *urban localities* de 1963 est certes publiée mais : d'une part, les chiffres sont basés sur les résultats officiels peu fiables et, d'autre part, les *localities* ne renvoient pas à une notion physique urbaine. En-dessous de 20 000 habitants, les autres *localities* semblent n'être que de simples périmètres administratifs articulés autour d'un bourg, voire de simples circonscriptions territoriales rassemblant arbitrairement des populations éparses au gré des besoins administratifs.

En conclusion, non seulement les recensements de 1991 et de 2006 ne révèlent pas la population des villes, mais en plus le concept de « ville » est insaisissable dès 1963 et les chiffres non comparables avec le recensement de 1952. Dans ce contexte, il est impossible d'estimer la population des petites agglomérations sur la base du recensement de 1963.

Incohérence entre effectifs de population recensée et extension réelle de l'agglomération

Dans Africapolis I 2008, des mises en perspective des données censitaires de 1963 avec l'extension réelle des agglomérations illustrent ces incohérences. Les exemples qui suivent appuient la démonstration. Toutefois, il reste impossible d'estimer la population des petites villes nigérianes entre 1960 et 1980 suivant cette méthode.

Dukku – Etat de Gombe, *LGA* de Dukku

Dans le recensement de 1963 (Vol. *Northern*), on trouve mention de la *locality* dans le *Native Area District* (NAD) de Kwami, rattaché au *« Census District »* de Dukku Kwami, situé dans la *« Native Authority »* de Gombe, dans l'État de Bauchi. Elle est créditée de 29 100 habitants, soit 21 500 habitants d'après les corrections démographiques réalisées par les auteurs (cf. supra). Une photo aérienne de 2002 montre que, 40 ans plus tard, la superficie de l'agglomération n'excède pas 3.5 km^2, soit environ 20 000 habitants (Planche 4.1). En appliquant

Planche 4.1
Dukku en 2002

Sources': Google Earth (2012), Dukku, Nigéria, Disponible sur www.google.com/earth/download/ge/agree.html (vu le 29 Novembre 2012)

le taux de croissance démographique observé dans la région, Dukku devait à peine atteindre 3 000 habitants au début des années 60, et non pas 20 000, ou encore moins 30 000. L'hypothèse de surestimation des chiffres du recensement de 1963 ne suffit pas à expliquer l'ampleur de cet écart. En fait, l'effectif de la *locality* correspondait probablement à un périmètre administratif étendu incluant plusieurs villages, hameaux et maisons dispersées. Malheureusement la cartographie du recensement de 1963 est introuvable.

Song –État de Gongola, *LGA* de Song

Song est un chef-lieu de *LGA* de 8 400 habitants (recensement de 1963) soit 5 000 en 1962 après correction. À cette époque, il s'agit d'une *locality* du *NAD* de Song, dans l'Adamawa *« Census District »*, de l'Adamawa *« Native Authority »*, de l'État d'Adamawa. La superficie de l'agglomération est de 3 km² en 2008 (Planche 4.2). Compte tenu du type d'habitat et des densités urbaines observées dans les *states* d'Adamawa et de Taraba, il ne peut pas y avoir plus de 6 500 habitants par km². La population atteint donc environ 19 000 habitants en 2002. Cela signifie que la population de Song est surestimée en 1963, mais que les chiffres corrigés de 1962 pourraient être réalistes. Toutefois, aucun document cartographique ne permet de vérifier cette hypothèse.

Planche 4.2
Song en 2008

Sources': Google Earth (2012), Song, Nigéria, Disponible sur www.google.com/earth/download/ge/agree.html (vu le 29 Novembre 2012)

Kalgo – État de Kebbi, *LGA* de Kalgo

En 1963, Kalgo est rattaché au *NAD* de Sabon Birni, « *Census District* » de Sabon Birni, « *Native Authority* » de Sokoto, État de Sokoto (région Northern). Elle est depuis devenue un chef-lieu de *LGA* de l'État de Kebbi. L'emprise au sol de l'agglomération est de 1.4 km^2 en 2005, accueillant environ 10 000 habitants (Planche 4.3). Or, elle aurait compté 9 500 habitants en 1963, soit 7 700 après la correction en 1962. L'estimation des auteurs en 2005 s'élèverait à 4 500 habitants en 1963 en appliquant le taux de croissance de la région. Kalgo est l'archétype des agglomérations pour lesquelles il n'y a aucune ambiguïté ni sur la superficie actuelle, ni sur les dynamiques urbaines. Une observation détaillée permet de distinguer aisément un centre ancien, un noyau historique et des extensions plus récentes (Planche 4.4).

Planche 4.3
Kalgo en 2005

Sources : Google Earth (2012), Kalgo, Nigéria, Disponible sur www.google.com/earth/download/ge/agree.html (vu le 29 Novembre 2012)

Planche 4.4
Le centre ancien de Kalgo (zoom)

Sources : Google Earth (2012), Kalgo, Nigéria, Disponible sur www.google.com/earth/download/ge/agree.html (vu le 29 Novembre 2012)

Otu – État d'Oyo, *LGA* d'Itesiwaju

Listée au niveau de la région Western, État et « *Division* » de Oyo, « *Census Division* » de Oyo Central, « *District* » d'Iseyin en 1963. L'agglomération aujourd'hui chef-lieu de *LGA* de l'État d'Oyo, couvre 1.5 km² en 2006, rassemblant 10 000 habitants, avec une densité conforme à celle des autres villes de sa région. Or, elle aurait déjà compté 10 400 habitants en 1963, ou 8 300 habitants en 1962 après correction. Elle est également mentionnée avec 6 500 habitants au recensement de 1952. Ceci signifie, soit que sa croissance est très faible, soit que les chiffres des recensements de 1952 et 1962–63 englobent beaucoup plus que l'agglomération (Planche 4.5).

Planche 4.5
Otu, 2006

Sources : Google Earth (2012), Otu, Nigéria, Disponible sur www.google.com/earth/download/ge/agree.html (vu le 29 Novembre 2012)

Selon les recensements de 1963, même corrigés, environ 250 villes n'auraient guère plus, voire moins d'habitants en 2006, en dépit d'un demi-siècle de croissance démographique et le triplement de la population. S'il est toujours possible que la croissance de quelques villes ait pu ralentir, les décroissances et stagnations sont rares dans la région. Elles sont le fait de l'érosion littorale comme à Banjul (Gambie) et Keta (Ghana), ou encore des destructions suite aux guerres civiles (Sierra Léone et Libéria). Ces événements restent possibles au Nigéria sans toutefois expliquer l'évolution négative ou quasi nulle de quelque 250 villes depuis 1963 ; voire de la disparition de *localities* répertoriées dans les recensements de 1963, aujourd'hui introuvables sur les cartes.

En conclusion, si des incohérences sont liées à la surévaluation notoire des chiffres du recensement de 1963, celles-ci n'expliquent pas l'ampleur des différences entre données censitaires et réalité, confirmée par la reconnaissance morphologique indépendante des données étatiques.

Ville et *locality*, un seuil de population biaisé

Logiquement, plus on s'élève dans la taille des *localities*, plus cela devrait coïncider avec le concept de « ville ». En 1963, au-dessus de 50 000 habitants, la population des *localities* correspond à celle de villes connues, même s'il est probable que les chiffres donnés englobent des zones rurales, à l'instar des petites villes d'Otu, de Kalgo et de Song. À partir de quel seuil considère-t-on que la population d'une

Carte 4.2
Étalement de l'agglomération et découpage administratif de Lagos en 2010

En rouge : agglomérations de plus de 10 000 habitants en 2010.
En gris foncé : limites des États.
En gris clair : limites des *LGAs*
Source : e-Geopolis

locality correspond à celle d'une ville ? La définition officielle de 1963 considère qu'une *locality* est urbaine à partir de 20 000 habitants. Dukku (21 000 habitants) est un exemple représentatif où le volume de population correspond à une circonscription territoriale vaste, à l'intérieur de laquelle le bourg aggloméré représente à peine 15 % de l'effectif recensé. La question reste donc sans réponse faute de documentation. La conséquence est que l'estimation des indicateurs de l'urbanisation dans les années 60, 70 et 80 reste quasi-impossible à établir.

Agglomérations composées de plusieurs *localities*, le cas de Lagos

Malgré des objectifs de gestion d'un environnement majoritairement rural, l'administration nigériane doit reconnaître dès 1960 l'existence de villes importantes. Ainsi, si dans les zones rurales, les agglomérations ne rassemblent qu'une petite partie des *localities* administratives dont elles dépendent, certaines agglomérations sont au contraire constituées de plusieurs *localities* dès 1963. Ainsi la population de Lagos est estimée à 665 300 habitants par les sources nationales ou internationales en 1963. Or, à l'inverse des exemples précédents, cet effectif ne correspond qu'à une entité administrative - la ville de Lagos proprement dite – qui ne comprenait dès cette époque qu'une partie de l'agglomération réelle. En effet, dès 1963, l'agglomération débordait vers le Nord sur les *localities* de Mushin (150 100 habitants en 1963), Mushin Railway (22 200), Itire (28 000) et Igbo (7 300), formant une agglomération de 865 600 habitants.

Désormais, ce découpage est remis en question avec des périmètres ne correspondant plus à aucune entité administrative passée (Carte 4.2). Un Etat de Lagos a été créé. Il s'étend sur 3 900 km² et est divisé en 20 *LGAs*, dont deux seulement affichent le toponyme de l'ancienne capitale : Lagos Mainland et Lagos Island. Formellement parlant, la « ville de Lagos » n'existe donc plus. De son côté, couvrant 863 km² en 2010, l'agglomération est loin d'occuper tout l'Etat de Lagos débordant par ailleurs largement sur celui d'Ogun au Nord.

L'une des conséquences intéressante de « l'oubli » statistique des banlieues de 1963 entraîne depuis 50 ans une surestimation considérable de la croissance de Lagos. En effet, Lagos est l'un des rares cas où les résultats du recensement de 1963 semblent corrects. La population de l'agglomération est établie à 5.15 millions d'habitants en novembre 1991, 9.25 millions en mars 2006 et 10.59 millions en 2010 selon la définition e-Geopolis. À partir d'une population de 665 300 habitants au lieu de 865 600, on obtient donc en 1991 un taux de croissance annuel moyen de 7.6 % au lieu de 6.6 %. A ce niveau de croissance et sur une

Planche 4.6
Cas où une limite de *LGA* devrait être calée sur un cours d'eau.

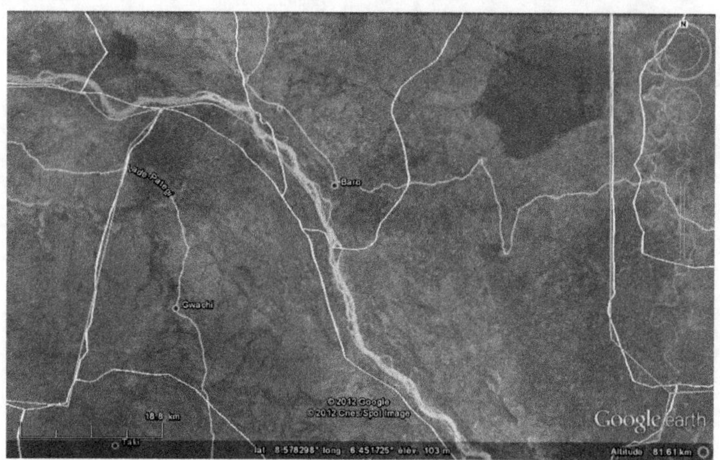

Dans cet exemple pris au centre du Nigéria, les limites des *LGAs* devraient coïncider avec le lit du fleuve Niger. Or, le décalage atteint jusqu'à 5 kilomètres sur le terrain. En revanche, à droite de l'image les limites des *LGAs* coïncident à peu près avec celles de l'État (ici le coin sud-est du district fédéral de la capitale, Abuja).

Sources : Google Earth (2012), Abuja, Nigéria, Disponible sur www.google.com/earth/download/ge/agree.html (vu le 29 Novembre 2012)

période de 28 ans, la différence est considérable. Or, comme Lagos représentait l'archétype des grandes villes surpeuplées des grands pays en voie de développement, ces chiffres biaisés ont très souvent été donnés en exemple dans la littérature relatant la croissance urbaine des pays du Sud. Encore marginal en 1963, le débordement des agglomérations par rapport au périmètre administratif officiel se généralise suite à l'étalement urbain, au mitage des campagnes du delta du Niger et à l'étirement des constructions le long des voies de communication.

Ces trois cas sont développés ultérieurement.

4.4 UNE CARTOGRAPHIE ADMINISTRATIVE DE QUALITÉ MÉDIOCRE

Cartographie approximative des limites des *LGAs*

Il existe un seul fond numérisé public des limites des 774 *LGAs*[4]. Superposé à un système de projection géographique terrestre, il pose de nombreuses contraintes pour l'estimation des populations urbaines :

- Les limites des *LGAs* correspondent assez bien avec les frontières internationales et le littoral. Les décalages observés proviennent essentiellement des différences de niveau de résolution entre les images (haute résolution) et le trait des limites (niveau de résolution plus généralisé). C'est le cas dans les régions de lagunes où le trait de côte est incertain du fait des mangroves et des variations tidales des surfaces de l'estran entre marée haute et marée basse.
- Le tracé des *LGAs* correspond plus approximativement avec les frontières des États. C'est à cette échelle que le fond a été rassemblé par les auteurs.
- La précision de la cartographie devient de très mauvaise qualité à l'intérieur d'un même État.

Sur la planche 4.6, l'image satellite extraite de Google Earth et le fond par *LGA* publié par l'*Independent National Electoral Commission* (INCEC), "Nigeria, Atlas of Electoral Constituencies» sont superposés. Les limites des *LGAs* sont représentées par un trait blanc, celles des États par un trait gris, et les routes principales par un trait jaune plus épais. Les surfaces en eau sont en bleu. Quelques cas significatifs sont sélectionnés dans les planches ci-après.

Tracés impossibles à corriger

D'autres erreurs de tracés sont manifestes, mais impossibles à corriger cartographiquement.

Planche 4.7

Encadrement des grandes villes : le cas de Gombe

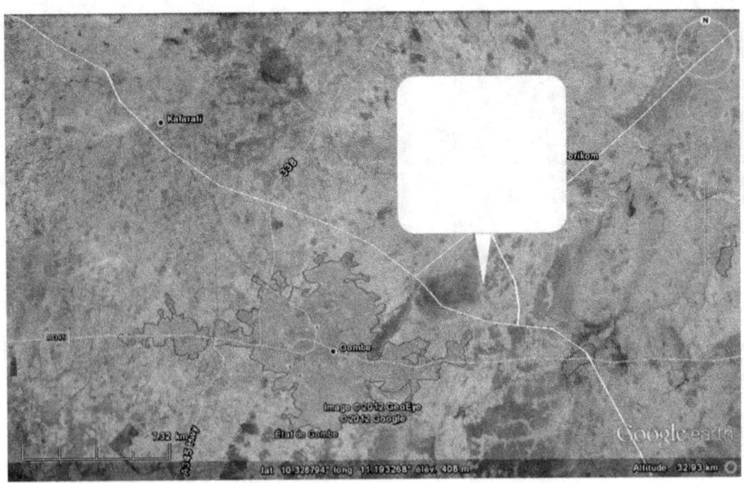

Sources : Google Earth (2012), Gombe, Nigéria,
Disponible sur www.google.com/earth/download/ge/agree.html (vu le 29 Novembre 2012)

La *LGA* de Gombe (périmètre signalé par la bulle) est comparée à la localisation réelle de l'agglomération. Celle-ci se situe, sur le terrain, beaucoup plus à l'Ouest. Ni la « forme », ni son extension géographique ne correspondent à la tache urbaine. Contrairement à l'exemple précédent, il est ici impossible de rectifier les erreurs du tracé des limites de la *LGA*. Il se peut que la surface de la *LGA* de Gombe soit trop petite, tout comme il est possible qu'il s'agisse d'une conurbation. Selon cette hypothèse, les limites ne seraient certes pas à leur place, mais la forme serait correcte, l'agglomération, en forte croissance, ayant simplement débordé des limites de la *LGA*.

Planche 4.8

Encadrement des grandes villes et imprécision du tracé : le cas de Idah

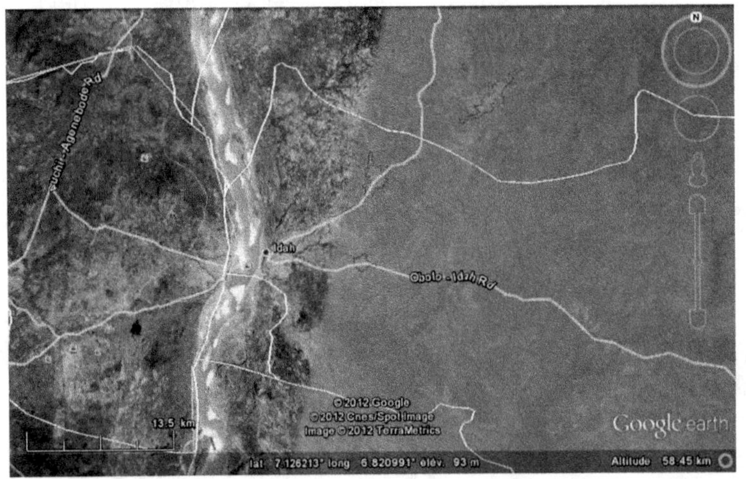

Sources : Google Earth (2012), Idah, Nigéria, Disponible sur www.google.com/earth/download/ge/agree.html (vu le 29 Novembre 2012)

Comme précédemment, le polygone de la *LGA* urbaine d'Idah ne se place pas sur l'agglomération. Par ailleurs, le tracé des limites devrait passer dans le lit du fleuve. L'extension de la *LGA* ne correspond pas à celle de l'agglomération, sauf qu'ici la *LGA* est beaucoup plus vaste.

Planche 4.9

Encadrement des grandes villes : le cas de Maiduguri

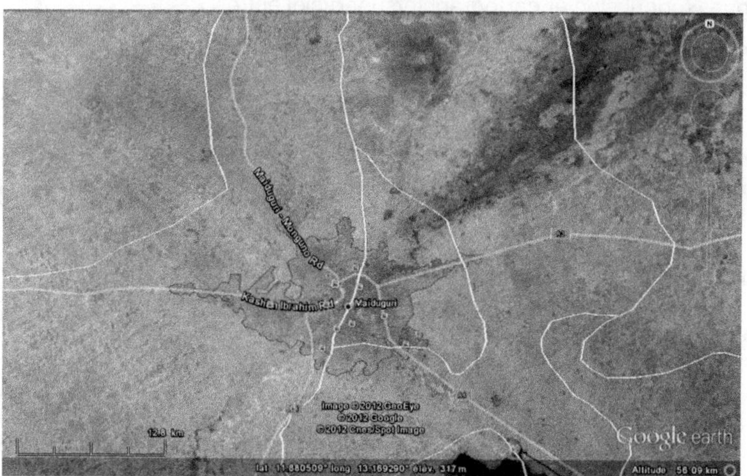

Sources : Google Earth (2012), Maiduguri, Nigéria,
Disponible sur www.google.com/earth/download/ge/agree.html (vu le 29 Novembre 2012)

A l'image des deux dernières planches, la forme de la *LGA* ne correspond pas à celle de l'agglomération de Maiduguri. Son territoire serait de toute façon trop exigu pour contenir l'ensemble de l'espace urbanisé. La *LGA* dite de Maiduguri (137 km²) est plus petite que l'agglomération (153 km²) ce qui implique un débordement hors des limites de la « ville ». Ceci illustre que certaines agglomérations de la base de données peuvent être plus peuplées que leur *LGA* éponyme.

Elles sont apparues en 2012 lors de l'affectation systématique par l'étude des *localities* à une *LGA*. Il faut rappeler qu'il n'existe pas de répertoire officiel de *localities* en 2006. Dès lors comment procéder pour déterminer l'appartenance hiérarchique de chaque agglomération à une *LGA* ? Deux sources alternatives sont utilisées : le répertoire des écoles primaires et celui des bureaux de poste.

Ces deux types sont en effet dotés d'un attribut « adresse » contenant le nom de la *LGA* d'appartenance. Or, il apparaît que certains d'entre eux se placent sur la carte dans une *LGA* limitrophe, ce qui prouve que le tracé du fond est incorrect.

De même, les grandes villes sont divisées en plusieurs *LGAs*, dont certaines, périphériques, incluent largement les campagnes environnantes. La *LGA* ne permet donc pas d'estimer avec précision la population d'une agglomération. A Lagos, le périmètre de la *LGA* éponyme ne couvre pas l'ensemble de l'agglomération ci-dessus ; la population de l'entité administrative voisine est donc ajoutée.

Inversions d'affectation des *LGAs*

La population estimée des agglomérations en 2010 s'appuie sur des données du *National Bureau of Statistics* (NBS) nigérian de 2012. Un tableau présente la population par *LGA* aux recensements de 1991 et 2006, ainsi qu'une estimation pour octobre 2011. Il permet de détecter des incohérences dans les sources démographiques elles-mêmes. De même, parmi les *LGAs* publiées par l'*INCEC*, certaines ont été interverties, ce qui a entraîné des erreurs dans l'estimation de la version 2008. La rectification de ces erreurs (notamment dans l'Etat de Lagos), qui s'ajoute à l'approximation cartographique, explique l'ampleur de certains changements entre les deux versions. Sans en dresser une liste exhaustive, certains peuvent être cités :

- Les totaux de population par État présentent une différence de cinq millions d'habitants avec les totaux par *LGAs* ;
- De nombreux problèmes de détail relevés sont rectifiés par les auteurs (Encadré 4.1)

Encadré 4.1

Principales erreurs relevées dans le tableau des populations par *LGA* de 2011

1. Inversion des données statistiques (population et cartographie/superficie) entre :

- Illela et Gada (Etat de Sokoto). Cette erreur existait dans la version initiale de la publication des chiffres du recensement 2006. Elle est corrigée par la suite dans d'autres publications ;
- Amuwo Odofin et Apapa (Lagos) : données inversées dans la version initiale ;
- Doguwa et Nassarawa (Kano). Idem. De plus, il manque 245 000 habitants dans Nassarawa, version initiale ;
- Kaura et Kauru (Kaduna) : semble provenir d'une erreur de classement alphabétique dans la version initiale.
- Girei et Gombi (Adamawa) : idem.

2. Différences importantes de population entre deux séries de 2006 :

- *LGA* de Uvwie : 189 000 habitants contre 101 000 dans la version initiale.
- *LGA* de Bassa (Plateau) : 189 000 habitants contre 139 000 dans les versions préliminaires.
- Abi (Cross River) : 114 000 contre 144 000 habitants
- Ifelodun et Irepodun (Osun) : chiffres très supérieurs dans la version initiale. La série correcte semble celle qui donne le moins d'habitants :

Ifelodun	206 042	96 444
Irepodun	148 610	119 590

- Nassarawa (Kano) : voir point 1.
- Obi (Benue) : 99 000 contre 149 000. Ce chiffre n'est pas cohérent avec les données de 1991, car il signifierait une baisse de population.

Les estimations de 2011

La somme des populations données par État est inférieure de 5 millions d'habitants à la somme des populations des *LGAs*, dont 3.56 millions de différence pour le seul État de Lagos. La *LGA* d'Alimosho (Lagos) est créditée de 3.56 millions d'habitants en 2011, contre 1.3 million en 2006, soit au final une croissance annuelle de 22 % par an et une densité de 20 000 habitants/km^2 qui paraît excessive compte tenu d'un habitat quasi exclusivement sans étage et de la présence de nombreuses usines dans le secteur d'Ikotun.

4.5 MÉTHODOLOGIE

La situation des données statistiques demeure problématique au Nigéria. Le manque de données au niveau local est une contrainte majeure pour estimer la population des agglomérations. Seule une approche géographique permet de dépasser ces limites et de détecter les erreurs et insuffisances dans les données démographiques. Avant de répondre à la question «le Nigéria s'urbanise-t-il ? », le géographe se demande : Où sont les villes et quelle taille font-elles ? Cette approche permet de vérifier l'existence d'une agglomération indépendamment des données officielles. Le croisement d'images satellitaires, de photos aériennes, de visites de terrain et de données d'occupation foncière offrent une approche objective de vérification. Des biais peuvent cependant résulter de la méthode employée :

- Une indisponibilité des images correspondant à la date des sources démographiques ;
- Une indisponibilité des images en haute résolution (forte nébulosité ou images en résolution supérieure à 50 mètres) ;
- Une absence d'informations sur le taux d'occupation de l'habitat ;
- Des erreurs dans l'affectation de noms. Il existe parfois des doutes quant au toponyme correct permettant d'identifier une agglomération.

La méthode d'estimation des populations des agglomérations tient compte :

- Des caractéristiques locales de peuplement, en s'appuyant sur un travail cartographique de repérage systématique des agglomérations et de leur emprise physique ;
- De modèles plus théoriques qui caractérisent les systèmes de peuplement.

Repérage des agglomérations et estimation de leur population

Les agglomérations occupant une tâche de plus de 1 km^2 au sol sont systématiquement repérées, ainsi que, tous les chefs-lieux (*headquarters*) de *LGAs*, quelle que soit leur taille. Toutefois certains chefs-lieux de *LGAs* ne sont qu'un ensemble de bâtiments administratifs formant une agglomération de quelques centaines d'habitants.

Suivant la définition d'e-Geopolis, la tache urbaine est définie par une surface occupée par des constructions séparées au maximum par 200 mètres. 95 % des images sources sont en haute résolution (contre environ la moitié seulement dans la version de 2008). Les limites physiques de 1 880 agglomérations (contre moins de 700 en 2008) ont ainsi été digitalisées et placées dans un système de projection terrestre. La plupart des images satellites utilisent *Google Earth*. Les Cartes 4.3 et 4.4 restituent le résultat de ce travail préparatoire.

Après être affectée à son rattachement hiérarchique administratif, chaque agglomération est codée en fonction de l'État (2 digits), de la *LGA* (2 digits) puis du code de la *locality* éponyme (3 digits), soit un code 7 digits unique, auquel est ajouté le préfixe «*NGA*» dans la base de données internationale e-Geopolis (Tableau 4.4). Lorsqu'une agglomération s'étend sur plusieurs *LGAs*, voire plusieurs États, c'est le nom et les codes de la localité éponyme qui sont appliqués à l'ensemble.

La population de chaque agglomération est ensuite estimée à la fin de l'année 2006. La population en 1991 et la population corrigée en 2011 sont ensuite calculées en appliquant le taux de variation de la population de la *LGA* (ou des *LGAs*) contenante(s). Les *LGAs* n'existant pas avant 1991, les données de 1952 et 1963 sont simplement reportées telles qu'elles apparaissent dans les recensements. Pour les petites agglomérations, ces données sont très peu comparables à celles post-1990. Pour cette raison, il n'y a report dans le tableau uniquement de celles qui semblent réalistes.

Prise en compte des structures de peuplement

Pour estimer la population à partir de la densité, trois types de morphologies locales sont identifiées : groupé, linéaire et diffus. La superficie des agglomérations de chaque milieu est comparée avec celle des agglomérations comparables des pays voisins, pour lesquels les statistiques de population et les informations géographiques sont plus précises : Niger, Bénin, Cameroun et Tchad.

Carte 4.3

Limites physiques des agglomérations de plus de 1 km², Nigéria Sud

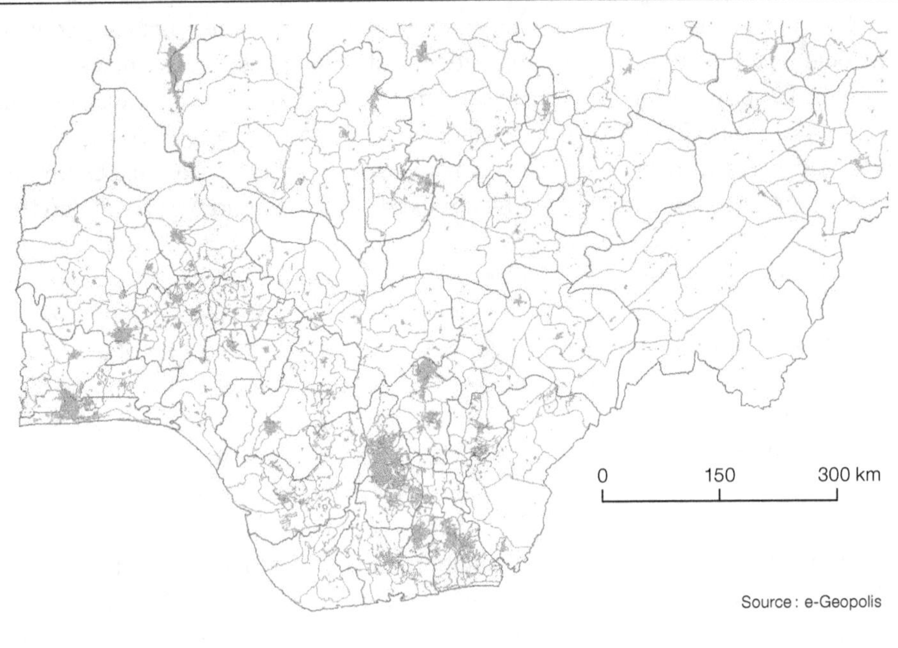

Carte 4.4

Limites physiques des agglomérations de plus de 1 km², Nigéria Nord

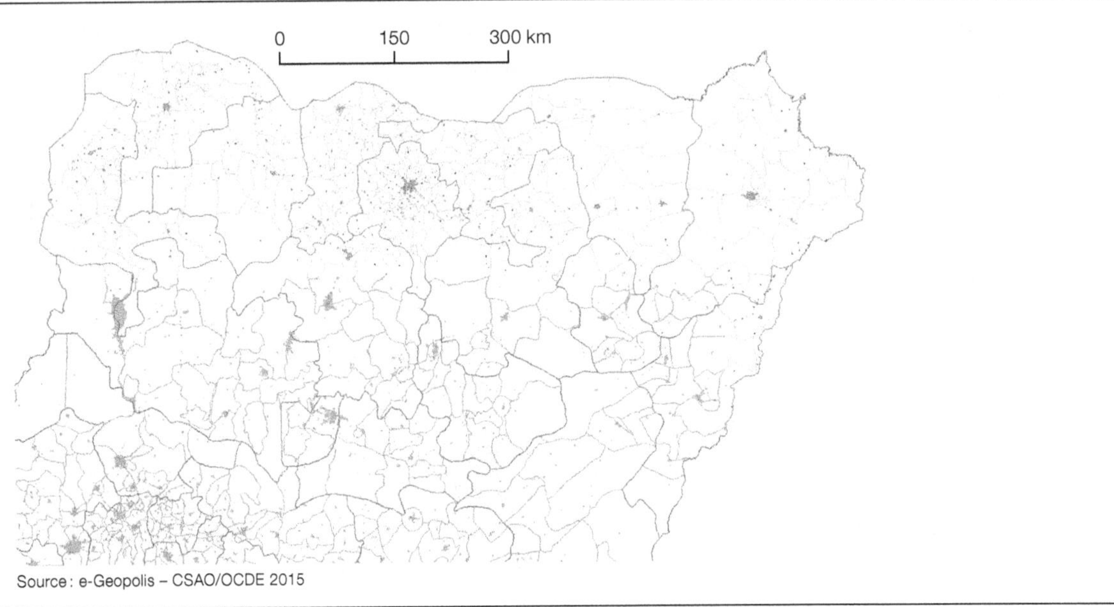

Tableau 4.4

Exemple de codage : agglomération de Orogun (Delta)

State	Code	LGA	Code	Locality	Code	Code e-Geopolis final
Delta	11	Ndokowa West	1112	Orogun	1112002	NGA1112002

Habitat groupé

De manière générale, ce type de peuplement caractérise les zones sahéliennes et soudaniennes, soit les parties plates de tout le Nord du pays, à l'exception des confins du Cameroun. La forme générale des villages est carrée ou circulaire. Le bâti est traditionnellement très compact, la trame viaire étroite et les espaces vides rares. La densité du bâti atteint fréquemment les 1 000 maisons par km² dans les gros villages et les petites villes.

L'habitat groupé se définit par un chapelet de gros bourgs peu hiérarchisés entre eux et séparés par des zones agricoles totalement dépourvues d'habitations. La densité démographique des bourgs va de 6 000 à 8 000 habitants/km². Seule Alkamu dépasse encore les 10 000 habitants selon nos estimations (Carte 4.5). Cependant, une croissance démographique très soutenue entraînera mécaniquement le reclassement des gros villages actuels par franchissement de ce seuil. À terme, ce processus se traduira par une augmentation massive du nombre de petites agglomérations, provoquant celle du niveau d'urbanisation sans que l'exode rural ne soit nécessaire.

Planche 4.10

Habitat groupé à Alkamu (État de Sokoto), 10 300 habitants fin 2006

Sources : Google Earth (2012), Alkamu, Nigéria, Disponible sur www.google.com/earth/download/ge/agree.html (vu le 29 Novembre 2012)

Carte 4.5

Localisation de Alkamu

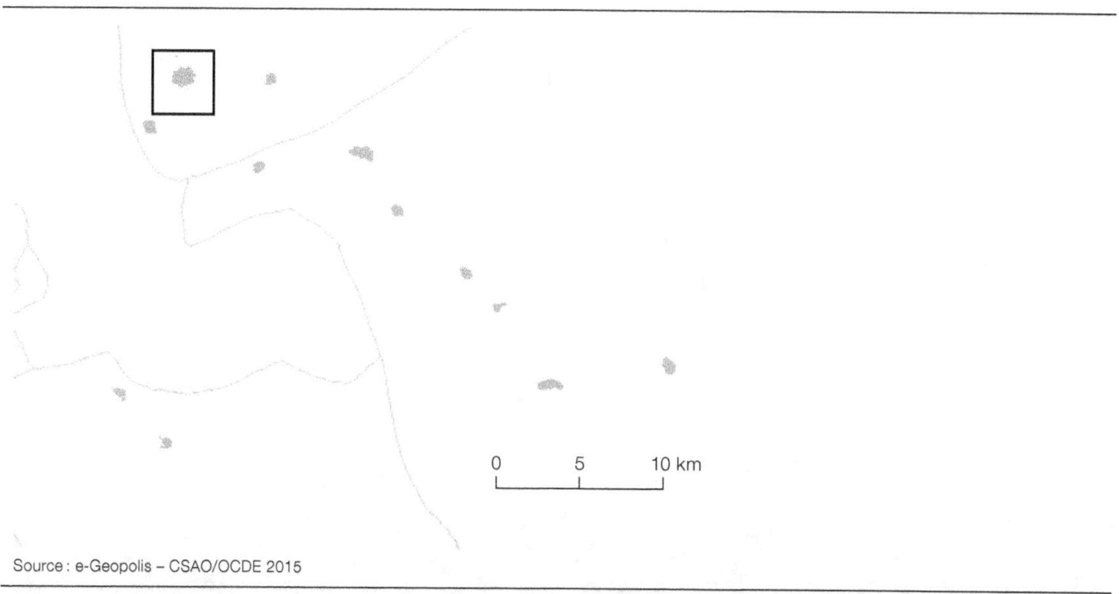

Source : e-Geopolis – CSAO/OCDE 2015

Habitat linéaire

Le peuplement linéaire caractérisait traditionnellement les régions forestières du Sud, ainsi que les régions vallonnées de l'Est. Il se généralise cependant, depuis 2000, le long des routes dans presque toutes les régions du pays, excepté dans le Nord, où la maîtrise foncière semble plus grande.

La Planche 4.11 montre comment l'urbanisation intensive le long de la route opère après 1990 la jonction entre les agglomérations d'Uromi et d'Irrua. Celle-ci ne forme plus qu'une seule et même agglomération de 120 000 habitants en 2006. La densité des zones bâties s'établit entre 5 000 et 6 000 habitants au km^2 en 2010, soit un peu moins que dans l'habitat groupé. Ce processus provoque la fusion entre différents bourgs initialement distincts, qui conservent cependant leur identité et leur nom. Suivant ce processus, la taille des agglomérations augmente, mais n'affecte pas le niveau d'urbanisation lorsque les fusions concernent deux agglomérations déjà urbaines.

Planche 4.11
Détail de l'agglomération d'Uromi/Irrua (Edo State) en 2006

Sources : Google Earth (2012), Uromi/Irrua, Nigéria, Disponible sur www.google.com/earth/download/ge/agree.html (vu le 29 Novembre 2012)

Carte 4.6
Localisation de Uromi/Irru

Source : e-Geopolis – CSAO/OCDE 2015

Habitat diffus

Au Nigéria, le peuplement est diffus dans la partie amont du Delta du Niger (Anambra, Imo, Abia, Ebonyi, Kogi). Il peut également l'être dans de petites régions de n'importe quelle partie du pays (plateau de Jos, sur les piémonts de l'Est).

La Planche 4.12 en montre un exemple spectaculaire, visible dans d'autres régions du monde (Ouest du Kenya, pays Zoulou, Bretagne, « mitage » généralisé du Comtat Venaissin en France, etc.). Le peuplement d'autres deltas peut au contraire se révéler très groupé (Égypte).

Dans cette région au peuplement traditionnellement rural et très dispersé, il existe peu de villes. Sous le coup de la pression démographique, l'extrême mitage transforme le paysage en vastes agglomérations peu denses : on y relève de 2 000 à 3 000 habitants au km^2, ce qui n'est déjà plus une densité « rurale ». Le milieu hyper-rural devient subitement méta-urbain lorsqu'un certain seuil-limite de densité démographique est atteint. Si le mot « urbain » peut sembler excessif pour caractériser ces zones en 2010, il le sera de moins en moins : en 2030, la densité aura encore augmenté de 50 %.

Planche 4.12

Secteur supposé « rural » au sud d'Onitsha

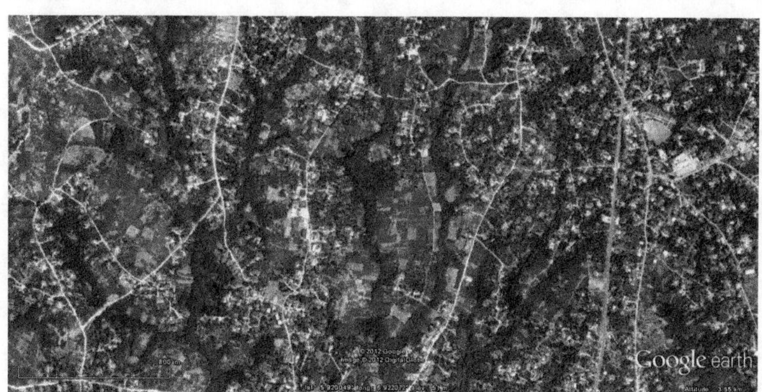

Sources : Google Earth (2012), Onitsha, Nigéria, Disponible sur www.google.com/earth/download/ge/agree.html (vu le 29 Novembre 2012)

Carte 4.7

Localisation du secteur Sud d'Onitsha

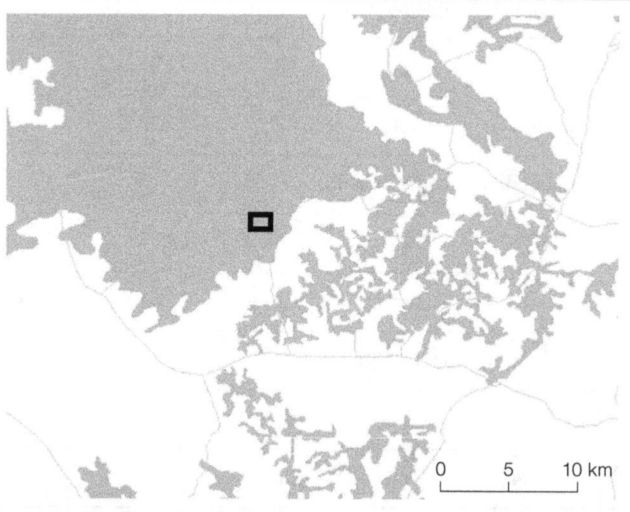

Source : e-Geopolis – CSAO/OCDE 2015

4.6 RÉSULTATS DE BASE

Pour estimer la population des agglomérations en 2010, le tableau du Nigeria National Bureau of Statistics est utilisé. Il présente la population par *LGA* aux recensements de 1991 et 2006 ainsi qu'une estimation pour octobre 2011 (cf. supra[5]). Les populations des périodes précédentes s'appuient sur le recensement de 1963 (6 vol.), le pré-recensement de 1962, les recensements de 1952 (4 vol.), de 1931, de 1911 (sans le protectorat du Nord), 1901 (idem) et 1891 (idem).

Niveau d'urbanisation et population totale

Le tableau 4.5 résume les principaux résultats nationaux. En 2010, les 1 020 agglomérations de plus de 10 000 rassemblent 76.4 millions d'habitants, et occupent moins de 14 000 km². 46 % de la population vit sur 1.5 % du territoire national.

Le niveau d'urbanisation (ou « taux d'urbanisation ») d'un territoire dépend également du diviseur, donc tout autant de l'estimation de la population totale que de celle de la population urbaine. Or, la méthode développée pour estimer la population des agglomérations e-Geopolis n'est pas applicable au monde rural, donc à la population totale du Nigéria. Cette dernière dépend uniquement des estimations des démographes, et des arbitrages proposés dans la première partie.

Le niveau d'urbanisation de 46 % en 2010 peut être qualifié d'élevé par rapport à l'Afrique de l'Ouest, et même à l'Afrique. Ce résultat conforte les hypothèses avancées en introduction :

- L'urbanisation au Nigéria est ancienne et précoce. Il existe une culture urbaine originale dans au moins deux grandes régions de ce pays. De véritables industries se sont développées quoiqu'à un niveau insuffisant, ainsi qu'un réseau des voies de communication. Il est donc vraisemblable que le niveau d'urbanisation soit supérieur à la moyenne ouest-africaine. De par sa position géographique le Nigéria apparaît comme une zone de transition entre l'Afrique de l'Ouest et le Sahel peu urbanisées, et l'Afrique centrale forestière, où l'on relève les niveaux d'ur-

Tableau 4.5

Comparaison entre le Nigéria et le reste de l'Afrique de l'Ouest

	1950	1960	1970	1980	1990	2000	2010
				Population totale (millions)			
Nigéria	31.8	39.2	49.3	65.7	87.0	119.4	166.2
Afrique de l'Ouest	30.2	38.2	50.4	67.8	88.6	114.0	156.4
				Nombre d'agglomérations			
Nigéria	99	209	310	480	584	792	1020
Afrique de l'Ouest	53	96	183	290	420	625	927
				Population urbaine (millions)			
Nigéria	3.6	8.4	12.4	20.2	32.7	48.4	76.4
Afrique de l'Ouest	1.7	3.6	7.7	14.5	23.7	36.1	56.4
				Niveau d'urbanisation (%)			
Nigéria	11.4	21.4	25.2	30.8	37.6	40.6	46.0
Afrique de l'Ouest	5.7	9.4	15.4	21.4	26.8	31.7	36.0

Source : e-Geopolis – CSAO/OCDE 2015

banisation les plus élevés d'Afrique (Congo, Gabon, Cameroun). Le Nigéria représente environ la moitié de la population ouest-africaine (51 %), et 58 % de sa population urbaine. Cette part baisse car le reste de l'Afrique de l'Ouest, au niveau d'urbanisation plus bas, s'urbanise plus vite. En 1950, plus des 2/3 (68 %) de la population urbaine d'Afrique de l'Ouest vivaient au Nigéria ;

- A ces facteurs, s'ajoute le poids de l'ancienne capitale, Lagos, rapidement devenue la plus grande agglomération d'Afrique sub-saharienne. Avec 10.6 millions d'habitants estimés en 2010, l'agglomération rassemble 6 % de la population nationale : c'est très peu comparé aux autres pays d'Afrique occidentale, mais beaucoup au regard de la taille démographique du Nigéria. En fait, transférés à Abuja, les emplois directs et indirects des administrations du pouvoir favorisent une croissance spectaculaire de la nouvelle capitale, véritable ville-champignon dont la population décuple en 20 ans (1.1 million d'habitants en 2010). Elle pourrait compter 2.8 millions d'habitants en 2020 en absorbant quelques villes alentours non encore agglomérées. Lagos reste la plus grande agglomération d'Afrique de l'Ouest. La deuxième plus grande agglomération de la région est également nigériane (conurbation d'Onitsha) ;
- La densification de l'habitat diffus dans les régions très denses du delta du Niger provoque depuis 2000 l'apparition de vastes conurbations. Leurs tissus peu densément urbanisés ajoutent quelque cinq à sept points de pourcentage d'urbains à l'ensemble du Nigéria du fait du poids démographique considérable de ces régions. A l'est du fleuve Niger, la densité des États de Imo et Anambra, auxquels s'ajoutent les *LGAs* des Etats voisins d'Aba, Rivers, Akwa Ibom, atteint les 1 000 habitants au km^2 en 2010. Agglomération de 620 000 en 1990, Onitsha atteint en 2010 6.3 millions d'habitants, absorbant 20 agglomérations qui comptent déjà plus de 10 000 habitants en 1990[6]. Beaucoup plus étendue que Lagos, elle s'étend sur 1 965 km^2. Elle est donc beaucoup moins dense. Uyo (1.9 million d'habitants), Nsukka (1.5 million) et Aba (1 million) sont dans un cas similaire. Les agglomérations comme Kano (3.1 millions d'habitants), Ibadan (2.5 millions), Port-Harcourt (1.4 million), Benin City (1.1 million) et Kaduna (990 000 habitants) restent très denses.

Si la présente étude n'avance pas toujours de chiffres fiables, on peut toutefois prédire qu'en 2050, toute la partie centrale et Nord du delta sera urbanisée d'un seul tenant. Des régions exclusivement rurales il y a 75 ans seront entièrement urbanisées suivant un modèle relativement extensif. Tant que la population augmente, la densité augmente, et donc les constructions nouvelles viennent sans cesse densifier le paysage. Dans le cas des conurbations « extensives », la pratique d'une agriculture intensive à fort rendement reste possible : c'est ce que l'on observe dans la plaine de Flandre en Belgique, de la Hollande aux Pays-Bas, de l'Ouest du Kenya, du delta du Nil et de la Jezira au Soudan, des plaines d'Asie du Sud et de l'Est, du Japon, de Java, des Philippines et de Taiwan. Cette pratique est moins courante, voire impossible, dans les agglomérations denses des autres régions du Nigéria.

Ayant identifié un objet « agglomération » à partir d'une définition statistique identique et rigoureuse, les résultats révèlent une grande diversité de types et de formes d'agglomérations dont il faut tenir compte à l'échelle globale de « l'urbanisation du Nigéria ». Cette expression recouvre des réalités très différentes entre les régions de ce pays.

Distribution, des résultats conformes à la loi de Zipf

En 2010, le Nigéria compte une agglomération de plus de dix millions d'habitants, dix agglomérations de plus d'un million d'habitants, 90 de plus de 100 000 et 1 020 de plus de 10 000 habitants. Le nombre d'agglomérations décuple approximativement lorsque le seuil minimum de l'échantillon est divisé par dix. Cette distribution aboutit à un équilibre remarquablement conforme aux modèles de K. Davis, aussi bien qu'à la règle rang-taille de G.K. Zipf. Ce test plaide en faveur d'une bonne qualité de la base de données obtenue via l'application de la méthode e-Geopolis.

La qualité de l'ajustement de la distribution rang-taille (R2 = 0.998) est liée aux dimensions vastes du système urbain ainsi qu'à la diversité des milieux et des ressources du pays ; ce dans un contexte de libéralisme et de développement urbain permettant une forme « naturelle » conforme au modèle parétien caractérisant la distribution des grands nombres.

Le fait que la distribution de la pente soit légèrement inférieure à 1 indique une pression relativement importante des petites agglomérations. Leur population est la plus facile à estimer étant donné leurs tissus relativement homogènes. A contrario, les effectifs des moyennes et grandes agglomérations, en application de la méthode, sont plus dépendants des données démographiques officielles. Comme ces dernières sont probablement surévaluées, on s'attendrait à une surestimation de la population des grandes agglomérations. Il n'en est rien ce qui plaide en faveur de la qualité des estimations.

Graphique 4.5

Distribution rang-taille des agglomérations du Nigéria

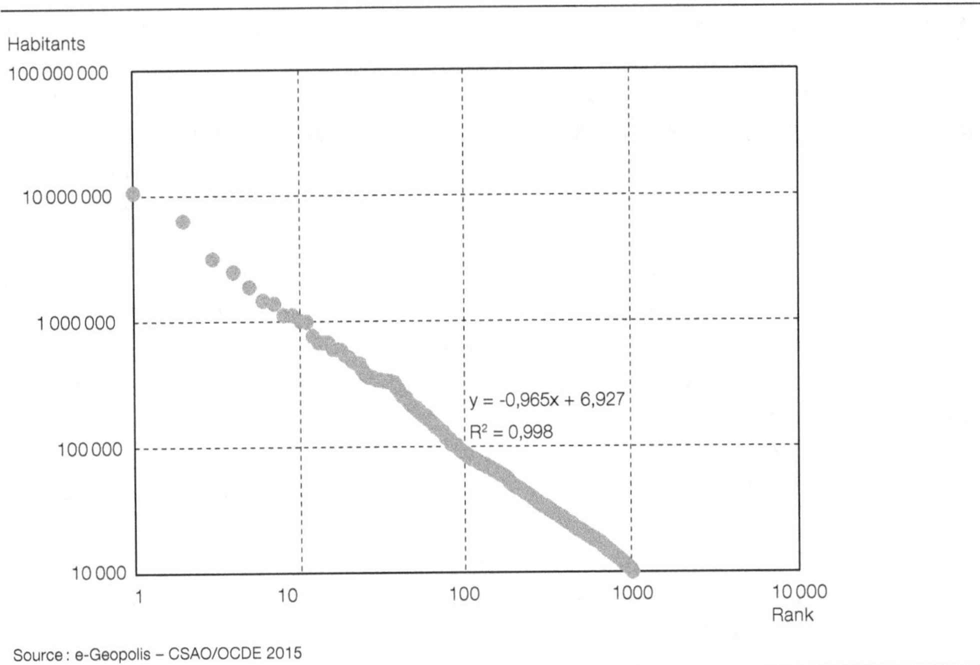

Source : e-Geopolis – CSAO/OCDE 2015

Tableau 4.6

Distribution des agglomérations urbaines par tranche de taille en 2010

Tranche (fréquence = 10)	Nombre	Superficie (km²)	Population	Part dans la population urbaine (%)	Densité (habitants/km²)
10 millions d'habitants et plus	1	863	10 590 000	14	12 270
De 1 000 000 à 9 999 999 habitants	9	5 110	19 870 000	26	3 890
De 100 000 à 999 999 habitants	80	4 081	21 549 000	28	5 280
De 10 000 à 99 999 habitants	930	3 917	24 412 000	32	6 230

Source : e-Geopolis – CSAO/OCDE 2015

La densité augmente-t-elle avec la taille des agglomérations ?

La densité peut être liée à la valeur foncière dans les grandes villes. Ceci se manifeste par une taille plus réduite des logements, par une augmentation du nombre d'étages des bâtiments, et par une intensification de l'usage du sol. Même si l'habitat reste peu vertical, la densité s'exprime par un usage intensif du sol. Cette propension compense la présence de bâtiments ou de secteurs non résidentiels (administrations, monuments, équipements, zones d'activités industrielles) (Planche 4.13).

Globalement linéaire, la relation entre taille et densité des agglomérations affiche une très forte variance selon les milieux, surtout dans un pays aussi vaste et diversifié. Aussi, faut-il tenir compte de la diversité des tissus urbains des grandes villes : groupé et dense au centre et dans les quartiers résidentiels populaires, linéaire et/ou diffus sur les bords. Nombre d'agglomérations comptent en outre des quartiers modernes où prévalent lotissements et habitat collectif. Des villes de toutes tailles peuvent également englober des zones industrielles d'importance variable (Planche 4.14), des camps militaires, des campus universitaires ou des réserves foncières sous forme de forêts ou de massifs enclavés dans l'agglomération, voire de terrains vagues.

Planche 4.13

Quartier résidentiel populaire à Kaduna : habitat sans étage, trame viaire réduite, occupation dense et quasi-continue du sol

Sources : Google Earth (2012), Kaduna, Nigéria, Disponible sur www.google.com/earth/download/ge/agree.html (vu le 29 Novembre 2012)

Planche 4.14

Zone industrielle, Kano : emprise de 21 km²

Sources : Google Earth (2012), Kano, Nigéria, Disponible sur www.google.com/earth/download/ge/agree.html (vu le 29 Novembre 2012)

4.7 CONCLUSIONS SUR LA SITUATION AU NIGÉRIA

En dépit de ses lacunes, les résultats relatifs à la population des villes et petites villes et à une liste exhaustive d'agglomérations sont fiables et encourageants.[6] Alors que cette dernière doit comporter peu d'omissions, les estimations de population peuvent révéler des biais significatifs. Des sur ou sous-estimations de 20 à 30 % ne sont pas à exclure. Les agglomérations de 50 000 à 250 000 habitants sont les plus difficiles à estimer et la région la plus problématique est celle du Delta. Le volume des plus grandes agglomérations est fiable supposant que les données des recensements de 1991 et 2006 le sont également. Les estimations relatives aux petites villes sont les plus fiables et représentent une des valeurs ajoutées majeures de ce travail.

Une augmentation des petites villes plus importante que prévue

Déjà l'un des résultats majeurs en 2008, le nombre de petites agglomérations est plus élevé qu'anticipé. Le Nigéria suit une tendance caractéristique de nombreux pays du Sud à démographie rapide. Cette tendance est d'autant plus visible depuis l'amélioration de la base de données (grâce à la meilleure qualité des images et à l'étude systématique des 774 *LGAs* du pays).

Une réévaluation de l'émergence de vastes conurbations dans le delta

L'extension physique des agglomérations de la partie la plus dense du pays – le delta du Niger – dépasse largement celle de 2008. Le paysage du Sud-Est se transforme plus vite qu'estimé. Ces résultats bouleversent la hiérarchie nationale des agglomérations du pays, tout en conduisant à la disparition nominative de nombreuses petites agglomérations, fusionnées dans des ensembles plus vastes.

Les résultats soulignent de nouvelles dynamiques telles que le mitage dans le delta du Niger, une linéarisation de l'urbanisation de certaines régions, une prolifération chaotique des petits centres urbains denses (toujours considérés comme ruraux). L'influence de ces forces émergentes sur les processus de développement futurs mériterait d'être analysée.

NOTES \\

1 *Suivant l'approche adoptée dans Africapolis I.*

2 *Ces tests concluent à une qualité satisfaisante des résultats.*

3 *Issu du partage du Kamerun allemand en 1920, le Northern Cameroon s'est formé de deux territoires disjoints situés au nord et au sud du poste frontière mettant en contact le Cameroun (français) et le Nigéria (anglais). Il rassemble et est alors administré et recensé avec le Northern Nigeria, sans en faire formellement partie.*

4 *Source : Independent National Electoral Commission (INCEC), "Nigeria, Atlas of electoral constituencies", Garki, Abuja, Nigéria. Ce fond peut être téléchargé à partir de : www.mapmaker.com.*

5 *Fourni directement par le NBS, ce tableau ne semble pas avoir été publié.*

6 *Voir rapport général.*

Bibliographie

Bairoch, P. (1985), *De Jéricho à Mexico. Villes et économie dans l'histoire*, Collection Arcades, No. 4, Gallimard, Paris.

Davis, K. (1970), "World urbanization 1950–1970", *Population Monograph Studies*, No. 4, 9, Institute of International Studies, University of California, Berkeley.

Mustapha, A. R. (2006), "Ethnic Structure, Inequality and Governance of the Public Sector in Nigeria", *Democracy, Governance and Human Rights Programme Paper*, No. 24, Institut de Recherche des Nations Unies pour le Développement Social, Genève.

ORGANISATION DE COOPÉRATION ET DE DÉVELOPPEMENT ÉCONOMIQUES

L'OCDE est un forum unique en son genre où les gouvernements oeuvrent ensemble pour relever les défis économiques, sociaux et environnementaux que pose la mondialisation. L'OCDE est aussi à l'avant-garde des efforts entrepris pour comprendre les évolutions du monde actuel et les préoccupations qu'elles font naître. Elle aide les gouvernements à faire face à des situations nouvelles en examinant des thèmes tels que le gouvernement d'entreprise, l'économie de l'information et les défis posés par le vieillissement de la population. L'Organisation offre aux gouvernements un cadre leur permettant de comparer leurs expériences en matière de politiques, de chercher des réponses à des problèmes communs, d'identifier les bonnes pratiques et de travailler à la coordination des politiques nationales et internationales.

Les pays membres de l'OCDE sont : l'Allemagne, l'Australie, l'Autriche, la Belgique, le Canada, le Chili, la Corée, le Danemark, l'Espagne, l'Estonie, les États-Unis, la Finlande, la France, la Grèce, la Hongrie, l'Irlande, l'Islande, Israël, l'Italie, le Japon, le Luxembourg, le Mexique, la Norvège, la Nouvelle-Zélande, les Pays-Bas, la Pologne, le Portugal, la République slovaque, la République tchèque, le Royaume-Uni, la Slovénie, la Suède, la Suisse et la Turquie. La Commission européenne participe aux travaux de l'OCDE.

Les Éditions OCDE assurent une large diffusion aux travaux de l'Organisation. Ces derniers comprennent les résultats de l'activité de collecte de statistiques, les travaux de recherche menés sur des questions économiques, sociales et environnementales, ainsi que les conventions, les principes directeurs et les modèles développés par les pays membres.

ÉDITIONS OCDE, 2, rue André-Pascal, 75775 PARIS CEDEX 16
(44 2016 01 2 P) ISBN 978-92-64-25224-0 – 2016

www.ingramcontent.com/pod-product-compliance
Lightning Source LLC
LaVergne TN
LVHW080929120826
845149LV00018B/1790

9789264252240